I0022160

الشخصيــة الأمريكيــة

الآثار السياسية لسمات العقل الجمعي الأمريكي

الدكتــور/ باســم خفاجــي

بسم الله الرحمن الرحيم

الشخصية الأمريكية

الآثار السياسية لسمات العقل الجمعي الأمريكي

تأليف

الدكتور/ باسم خفاجي

الأكاديمية السياسية الوطنية

عنوان الكتاب: الشخصية الأمريكية
الآثار السياسية للعقل الجمعي الأمريكي
مؤلف الكتاب: د. باسم كمال خفاجي
جهة النشر: الأكاديمية السياسية الوطنية
تاريخ النشر: نوفمبر ٢٠١٥م
ترقيم دولي: ١ - ٠٣ - ٦٢٦ - ٨٨٩ - ٩٧٨

١- الولايات المتحدة - السياسة
٢- الشخصية - الولايات المتحدة
٣- الأخلاق
٤- صناعة القرار
٥- المؤسسات السياسية الأمريكية

أ- خفاجي، باسم كمال
ب- العنوان

الطبعة العربية الثانية
١٤٣٧هـ - ٢٠١٥م

ISBN: 978-1-889626-03-1

الأكاديمية السياسية الوطنية National Political Academy
جمهورية محلة، طريق ناظم حكمت، حي بايليك دوزو، إسطنبول، تركيا
Cumhuriyet Mah, Nazım Hikmet Bulvarı; Beylikdüzü, Istanbul, Turkey
Tel.: +90 5 444 888 34
www.npacademy.net
info@npacademy.net
facebook.com/NPAcademy.net

إهداء

إلى من يريدون لأمتنا أن تتواصل بحكمة وعقل .. مع دول العالم .. التي تحيط بنا وتؤثر علينا .. وتشكل عالم اليوم

إلى من يؤمنون .. أن فهم الشعوب .. أصل في فهم السياسات .. وأن موقفنا من حكومات ظالمة .. لا يجعلنا نظلم شعوبها

إلى من يؤمنون .. أن أمتنا ينتظرها مستقبل أفضل ..

إليهم جميعاً .. أهدي هذا الكتاب

المحتوى

مقدمة الطبعة الثانية

عندما أعلنت أمريكا استقلالها في وثيقة الاستقلال الشهيرة التي نشرت في ٤ يوليو ١٧٧٦م، كتب أحد من صاغوها، بل أهم من كتبها بشكل رئيس، وهو توماس جيفرسون (أول وزير خارجية لأمريكا، وثالث رئيس لها) أنها وثيقة «تهدف لأن تعبر عن العقل الأمريكي». منذ البداية ظن المؤسسون للولايات المتحدة أن أمريكا يجب أن يكون لها «عقل متفرد» وفكر مختلف، ويتبع ذلك «شخصية مختلفة». فهل حدث هذا، وهل يوجد ما يمكن أن نطلق عليه «الشخصية الأمريكية»؟

الإجابة باختصار: «نعم» .. تكونت شخصية أمريكية مختلفة عن الشخصية الأوربية، بل مخاصمة لها، لأن الكثير من المهاجرين الأوائل، كانوا فارين من أوربا، لجرائم أو لاضطهاد ديني أو عرقي، أو هروبا من طبقية مقيتة جعلت الكثيرين يفقدون الأمل في حياة كريمة. قرر الكثير من القادمين إلى الأرض الجديدة أهمية اكتساب صفات مختلفة ليمكنهم البدء في حياة أخرى مختلفة أيضاً عما فروا منه.

> **منذ البداية ظن المؤسسون للولايات المتحدة أن أمريكا يجب أن يكون لها «عقل متفرد» وفكر مختلف، ويتبع ذلك «شخصية مختلفة»**

تكونت من البداية «شخصية أمريكية» جديدة هي مزيج من الغضب من أوربا، والتعلق بها .. مزيج جمع بعض صفات الأصحاب الأصليين للأرض «الجديدة»، وتأثر بطبيعة الأرض المتسعة، وتشكل تبعا للحاجة إلى إعمار قارة كاملة، والخلاص من أهلها(!)، والتفرد عليهم، والخوف منهم، والحرب معهم، ونهب ممتلكاتهم، وإيجاد مبرر أخلاقي لكل هذه الموبقات يسمح بالاستمرار فيها، بل وتقديم التفسير المناسب للأجيال القادمة!

ومنذ بدأ الرحالة في زيارة الأرض الجديدة «أمريكا»، والكتابة عنها، لفت نظرهم أن الشخصية الأمريكية مختلفة عن غيرها من شخصيات العالم، وأن هناك عقلاً جمعياً أمريكياً يصبغ الأمريكيين بصفات متقاربة في بعض الأمور والقضايا. منذ عام ١٨٣٠م على سبيل المثال، كتب الرحالة الأوربيون عن عشق الأمريكي للثروة والتجارة فوق كل شيء آخر. كتبوا عن مزاجية الصراع، وحمل السلاح، واختياره وسيلة مثلى بل أحيانا وحيدة لحل المشكلات. اهتم المؤرخون منذ بداية أمريكا .. بصفات «الشخصية الأمريكية» وسماتها.

ومع كثرة تلك الكتابات في أوربا والشرق الأقصى عن أمريكا وصفات أهلها، خلت المكتبة العربية من أي كتب متخصصة في هذا المجال، وأصبح من الشائع لدى العامة والمفكرين، بل والساسة أيضاً أن يشار إلى الشخصية الأمريكية أنها جزء من الشخصية الأوربية، ولا تختلف عنها في كثير أو قليل. وما أبشع هذا التعميم، وما أبعده عن الصواب في حقيقة الأمر. خلت المكتبة العربية من دراسات متعمقة في تكوين «الشخصية الأمريكية» وأثر هذا التكوين على القرار السياسي للولايات المتحدة الأمريكي، وتسبب هذا في أخطاء فادحة سياسيا واجتماعيا في التعامل مع تلك الشخصية وفهمها، وإجادة الحوار معها.

كان من الممكن فهم هذا الجهل لو كانت الولايات المتحدة دولة صغيرة هامشية لا أثر لها على حياة المنطقة العربية والإسلامية. ولكن المتابع للأوضاع السياسية والاقتصادية في عالم اليوم يكاد يشعر أن الولايات المتحدة جارة للوطن العربي والإسلامي، وليست كياناً بعيداً في أقصى الغرب. أصبحت الولايات المتحدة متدخلة ومتداخلة في حياة مجتمعاتنا بدرجة أكبر من أي عصر مضى، وهو ما يجعل معرفة هذه الشخصية الأمريكية ضرورة وليست ترفاً أو نافلة.

أمضيت من حياتي الشخصية والعملية أعواماً طويلة في أمريكا، درست فيها، ودرستها. عملت فيها، وتعلمت منها، وتعاملت طويلاً مع أهلها، وبدأت ألحظ وأدون سماتاً تميز هذه الشخصية عن غيرها. ثم أراد الله تعالى أن أمضي آخر عامين لي في أمريكا في العاصمة الأمريكية واشنطن، وأن أتواصل بشكل يومي مع السياسيين وصناع القرار وقيادات المجتمع الأمريكي بمختلف التوجهات السياسية لهم. بدأت ألحظ أن سمات «الشخصية الأمريكية» تؤثر على القرار السياسي بوضوح، بل وتصبغه وتشكله بشكل مختلف عن أي منطقة أخرى من مناطق العالم.

> **أصبحت الولايات المتحدة متدخلة ومتداخلة في حياة مجتمعاتنا بدرجة أكبر من أي عصر مضى، وهو ما يجعل معرفة هذه الشخصية الأمريكية ضرورة وليست ترفاً أو نافلة**

ثم شاء الله في بداية النصف الأول من القرن الحالي (٢٠٠٤م) أن أعود إلى العالم العربي، بعد رحلة طويلة متنوعة في الولايات المتحدة، كطالب ثم كموظف، ثم كأستاذ جامعي، فصاحب أعمال تجارية، فرئيس مجلس إدارة لعدد من الشركات، فإعلامي ناشر لأحد أكبر الصحف العربية في أمريكا، ثم كناشط مدافع عن الحقوق المدنية للعرب والمسلمين، وأخيراً كمعتقل ظلماً في أحد سجونها لمدة تكاد تقترب من عام كامل. سمح لي هذا التنوع في المناصب والأماكن والمهام والعلاقات والصعاب أيضاً، أن أتعرف على كل أمريكا تاريخيا وجغرافيا وإعلاميا وقضائيا وإنسانيا أيضاً في رحلة استمرت لأكثر من ١٧ عاماً.

عدت بعد هذه الرحلة الطويلة في الولايات المتحدة إلى وطننا العربي والمسلم لأكتشف نقصاً واضحا ليس بين عامة الناس بل بين النخب والقيادات والمفكرين – في فهم أبعاد تلك الشخصية الأمريكية، بل وكذلك

نقصاً أخطر في فهم تأثير تلك الشخصية على القرار السياسي وعلى التعاون أو التفاوض مع الأمريكيين. ومن أجل ذلك ولدت فكرة هذا الكتاب.

صدر كتاب «الشخصية الأمريكية» في عام ٢٠٠٥م، وجمع ١٩ سمة من أهم سمات الشخصية الأمريكية، وعلاقة تلك السمات بالحياة السياسية وأثرها على صانع القرار الأمريكي. حرصنا من البداية أن يكون الكتاب مختصراً وسهلا في القراءة، حتى لا يمل القارئ، وحتى يستفيد من الكتاب أكبر شريحة ممكنة من القراء.

حرصنا من البداية أن يكون الكتاب مختصراً وسهلا في القراءة، حتى لا يمل القارئ، وحتى يستفيد من الكتاب أكبر شريحة ممكنة من القراء.

وحدث شيء من القبول للكتاب ولمادته، وسهولتها، وهذا بحمد الله. ذات يوم التقيت مفكراً عربياً، أصبح حالياً رئيسا لوزراء دولة عربية كبيرة. أخبرني يومها مجاملاً أنه ما عرف أمريكا حق المعرفة إلا عندما اطلع على هذا الكتاب. هذه المجاملة دفعتني إلى التفكير في إعادة نشر هذا الكتاب مرة أخرى، وتطويره أيضاً في المستقبل ليكون كتاباً أشمل وأكثر تفصيلاً للشخصية الأمريكية وتطوراتها. ظروف هذه المرحلة من الاغتراب عن الوطن، والاهتمام بالشأن المصري في مرحلة الانقلاب العسكري، والحرص على زواله أولاً لتستعيد مصر حريتها، يجعل من الاهتمام بغير مصر عملاً مؤجلاً إلى حين! آمل يوما ما أن أوفق في كتابة دراسة أكثر تفصيلا ومعاصرة للحياة في الولايات المتحدة ولمعالم وسمات الشخصية الأمريكية.

الطبعة الثانية من الكتاب، والتي بين يديك - عزيزي القارئ - لا تختلف كثيراً عن الطبعة الأولى. أجرينا تحسينات في التصميم والصف، وأضفنا بعض الإضافات الهامة، ولكن الكتاب لم يتغير كثيراً عن طبعته الأولى على أمل أن يصدر كتاباً جديداً خلال المرحلة القادمة يعالج نفس الموضوع باتساع أكبر وتفصيل أكثر. والله تعالى ولي التوفيق.

د.باسم كمال خفاجي

أنقرة، تركيا، ٢٨ من نوفمبر ٢٠١٥م

مقدمة الطبعة الأولى

تلعب التركيبة النفسية للشعوب دوراً مؤثراً في القرارات السياسية في المجتمعات الغربية التي يتم تبادل السلطة فيها تبعاً للصوت الانتخابي لأفراد الأمة.

وقد تشكل المجتمع الأمريكي عبر القرون الثلاث الماضية، ومروراً بالعديد من تجارب الصراع على السلطة، والحروب الأهلية، والتنافس العرقي، والتمايز الطبقي ليصل إلى ما يعرف اليوم بالشخصية الأمريكية التي أصبحت تمثل العقل الجمعي للشعب الأمريكي. وتساهم هذه الشخصية بشكل مباشر في تشكيل القناعات والرؤى الأمريكية حول العالم ودور الولايات المتحدة الأمريكية فيه.

ويهدف هذا الكتاب إلى التعرف على ملامح الشخصية الأمريكية ذات التأثير المباشر على الحياة السياسية وصناعة القرار في الولايات المتحدة الأمريكية. ويؤكد الكتاب على بعض الفوارق بين الشخص الأمريكي والشخص الأوربي، وعلى صعوبة وعدم واقعية جمعهما معاً على أنهما نموذجاً واحداً يمكن أن يطلق عليه «الشخص الغربي». وليس الهدف هو التركيز على جانب واحد من جوانب الشخصية الأمريكية، وإنما محاولة تقديم رؤية متوازنة وعادلة وواقعية لهذه الشخصية ومختلف جوانبها، والآثار السياسية للسمات المشتركة لهذه الشخصية.

يهدف هذا الكتاب إلى التعرف على ملامح الشخصية الأمريكية ذات التأثير المباشر على الحياة السياسية وصناعة القرار في الولايات المتحدة الأمريكية

ينقسم الكتاب إلى ستة فصول رئيسية، بعد الفصل الأول وهو مقدمة عن أمريكا وكيف ينظر الأمريكيون والغربيون إلى الشخصية الأمريكية. يبحث الفصل الثاني تاريخ الشخصية الأمريكية، وعلاقة كل من الدين والتجارة والجغرافيا في حياة المهاجرين الأوائل للقارة، وكيف أثر ذلك على النظام السياسي الأمريكي. أما الفصل الثالث فيقارن بين الشخص الأوربي والشخص الأمريكي، ليوضح الفوارق الأساسية بين كل من المجتمع الأوربي والأمريكي المعاصر، واختلاف الرؤى السياسية والفكرية نتيجة هذه الفوارق في الهوية والاهتمامات.

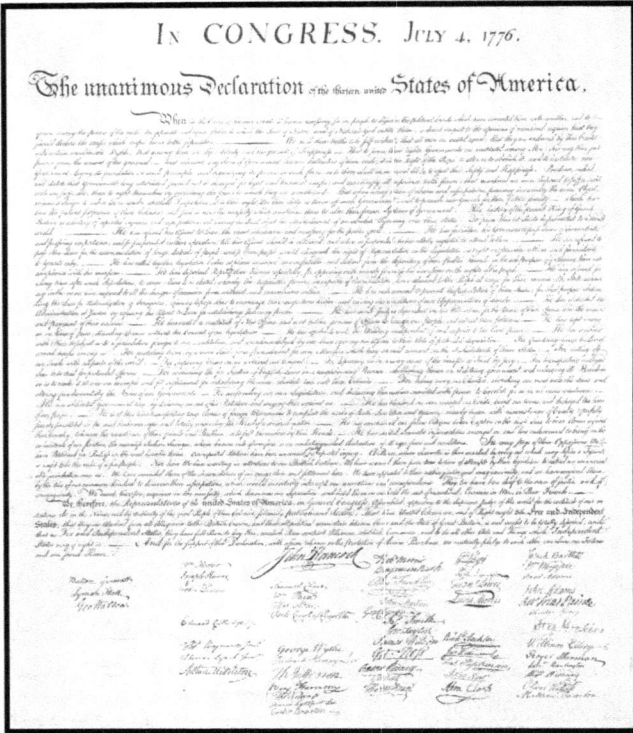

ويركز الفصل الرابع على ١٩ سمة من سمات الشخصية الأمريكية، وأثر هذه السمات في الواقع السياسي للولايات المتحدة الأمريكية، وخصوصاً ما يتعلق بالقرارات المؤثرة على العالمين العربي والإسلامي. ويبحث الفصل الخامس أفضل أساليب الاستفادة من فهم الشخصية الأمريكية في التأثير على صنع القرار بما يخدم مصالح الأمة وأهدافها سواء من خلال التأثير على الناخب، أو المرشح السياسي، أو الإدارة، أو الرأي العام الأمريكي. أما الفصل السادس فيبحث مستقبل الولايات المتحدة على ضوء فهم تركيبة الشخصية الأمريكية.

IN CONGRESS. JULY 4, 1776.

The unanimous Declaration of the thirteen united States of America.

إعلان الاستقلال الأمريكي، وارتباطه بالشخصية الأمريكية

لقد بدأ هذا الكتاب كدراسة عن الحياة الأمريكية، والآثار السياسية للشخصية الأمريكية، ولكن الاهتمام العالمي والعربي المتزايد بالسياسة الأمريكية، وعلاقتها بالكثير من القضايا السياسية والاجتماعية في العالم العربي دفعني إلى المزيد من البحث في آثار الشخصية الأمريكية على هذا القرار السياسي الذي أصبح يتدخل في حياة المجتمعات العربية والإسلامية دون استئذان.

أرجو من الله تعالى أن أكون قد وفقت في تقديم ما ينفع القارئ، وأن تكون مادة الكتاب عوناً لمن يريد فهم السياسة الأمريكية، واستخدام ذلك للمساهمة في مقاومة مشروعات الهيمنة السياسية والفكرية على شعوب الأمة العربية والإسلامي.

د.باسم كمال خفاجي

B@Dr-Bassem.com

الرياض، رمضان ١٤٢٥هـ

أكتوبر ٢٠٠٤م

الفصل الأول: مقدمات

«أمريكا.. ذلك المزيج العجيب من التناقض والتميز والفساد أيضاً. الشخصية الأمريكية ليست شخصية بسيطة أو سطحية، إنها خليط من المتناقضات التي ساهمت في مدنية العالم، وفي شقاء كثير من الشعوب ومعاناتها أيضاً»

في البدء

ما هي أمريكا؟ وكيف نصف الشخصية الأمريكية؟ بل لعلنا نبدأ من كيف وصف الأمريكي نفسه؟ وكيف وصف الإنسان الغربي الهوية الأمريكية وشخصية المجتمع الأمريكي؟

هذه طائفة من الآراء، والرؤى:

«أمريكا هي مرادف الفرصة».

الفيلسوف الأمريكي: رالف والدو إيمرسون

«إن كل ما في أمريكا يمكن أن يُختصر في الأمل في الحصول على المال، وبعد ذلك كسب المال عن طريق هذا المال، وأخيراً كسب الكثير جداً من المال عن طريق المال الكثير».

الكاتب: بول إيردمان

«إن الشخصية الأمريكية جافة انعزالية باردة وقاتلة أيضاً».

الكاتب البريطاني: د. إتش لورانس

«أمريكا هي المكان الذي يمكن فيه لبائع يهودي أن يبيع قلادة الحب البوذية إلى إنسان لا يؤمن بأي دين في مناسبة عيد ميلاد المسيح».

الكاتب الأمريكي: جون بورتون بريمر

«أمريكا بلد بلا شخصية، المال هو الهدف الوحيد لشعبها، لا يعرفون الصداقة أو كرم الضيافة أو احترام أحد».

فريدريك جرستورف، مدرس ألماني

«إن أمريكا قد أرست قواعد الجهل في الفن، وكلما كان الفنان جاهلاً اعتبروه رائداً».

جون بوفيه، فنان أوروبي

«عندما يتعارض تنافس الأمريكي للمال مع تعصبه للدين؛ فإن الأخير يُفسح المجال للأول. إن جنس الأمريكان هو مثال حي لعدم الأمانة».

توماس هاميلتون، رحالة إنجليزي

«الأمريكيون لم يتعلموا آداب الحياة، أجسامهم متحجرة لا ليونة فيها، قسمات وجوههم غير قادرة على التعبير عن الحزن أو الفرح، ولكن رغم برودتهم وغرابتهم؛ فإن عيونهم تشعُّ بوهج داخلي من البساطة، وبعض ملامح اللطافة لهم هي من ذلك النوع الحقيقي الذي لا يمكن تزييفه أو الحصول عليه من طريق التصنع».

أليكساندر فاراكا، رحالة بريطاني

«أمريكا هي الفرصة أن تشكِّل حياتك كما تريد، أن تختار الشخصية التي تتمناها لنفسك، وأن تغير ذلك مرات عديدة .. إن شئت ذلك .. ومتى أردت ذلك».

بيل موايير، إعلامي أمريكي

«إن الأمريكيين أولاً كائنات إنسانية معيبة (ناقصة)، متفردون في فرديتهم، يسيطر عليهم هاجس تحقيق العدالة، وحيازة المال، ومواطنون في بلد هي الأقوى، ومن ثَمَّ الأكثر فساداً على وجه الأرض... معظم الوقت، كنا نحن الأمريكيين، ببساطة، بشراً يسعون وراء مصالحهم في المدى القصير بمهارة تزيد أو تنقص، واللعنة على بقية العالم».

ولتر أ. مكدوجال، كاتب أمريكي

«الأمريكيون يتخيلون ببساطة أن العناصر التي تكوِّن هويتهم القومية موجودة لدى الآخرين. وإن لم تكن موجودة؛ فإنهم يتخيلون أن الآخرين يتوقون إلى استيرادها».

ميشال بوغون- موردان، كاتب فرنسي

«إن أمريكا هي آخر مكان في العالم يتقبل الاعتراف بأخطائه، هذا البلد مصاب بفقدان الذاكرة الجغرافية والتاريخية».

رافن سيلفيا، مذيع أمريكي من الهنود الحمر

«وأنت يا أمريكا.. أبناؤك إمبراطوريون، وأنتِ إمبراطورية، أنتِ فوق الجميع.. النصر لعدالتك يساراً ويميناً، أنتِ مبدأ وحدة، جامعة الكل، موحدة، مستوعبة، متسامحة مع الجميع. أنت إلى الأبد.. أغنيك أنتِ.. أنتِ.. أيضاً أنتِ عالم واسع المناظر المختلفة المتنوعة اللامتناهية. بك انطوى العالم في كل واحد، لغة واحدة كونية، مصير واحد لا يتجزأ للعالم».

والت وايت مان، كاتب أمريكي

أمريكا هي كل ذلك.. بل المزيد، هي ذلك المزيج العجيب من التناقض والتميز والفساد أيضاً. الشخصية الأمريكية ليست شخصية بسيطة أو سطحية، إنها خليط من المتناقضات التي ساهمت في مدنية العالم، وفي شقاء كثير من الشعوب أيضاً. وهذه الدراسة هي جولة لمعرفة هذه الشخصية الأمريكية، وتأثيرها في صناعة القرار السياسي الأمريكي.

الشخصية الأمريكية

تتشكَّل شخصية أبناء كل مجتمع وأمة عبر نظام معقد من التوافق في المعارف والتقاليد والأخلاق، وهو ما يشكِّل في مجموعه ما يُعرف بثقافة المجتمع، أو الشخصية النمطية المعبِّرة عن هذا المجتمع. وقد عرَّف إدوارد تايلور هذا المفهوم بأنه: «كلية معقدة شاملة من المعارف والمعتقدات والفنون والقوانين والأخلاق والعادات، وكل قدرة أخرى أو عادة اكتسبها الإنسان بصفته عضواً في مجتمع»(١).

ويقول كارل مانهايم في كتابه (الأيديولوجيا واليوطوبيا): «إن الانتماء إلى جماعة يعني من بين أمور أخرى: أن أبناء هذه الجماعة يرون العالم ونهج التعامل مع الذات والآخر والطبيعة بطريقة متماثلة مميزة لهذه الجماعة. وعقل الأمة هو الإطار الفكري الداعم لهذه الصورة، ولهذا النهج في التعامل».

وتنتقل الثقافة خلال المجتمع، ومن زمن إلى آخر، من خلال وسائل التواصل المتاحة للمجتمع، وعبر التقاليد بصفتها ما يتبقى من الماضي في الحاضر، وما ينتقل عبر الأجيال، ويظل مؤثراً أو مقبولاً ممن يتلقونه. ولذلك تتطور الشخصية العامة لمجتمع ما من خلال التقاليد، ومن خلال التواصل مع الشعوب الأخرى أيضاً، فلا توجد ثقافة محلية خالصة لأي مجتمع في هذا العصر، ولا يوجد بالمقابل أي مجتمع لا يتمتع بهوية وشخصية خاصة تختلف عمَّا حوله من المجتمعات. ولذلك فشخصية كل مجتمع من المجتمعات المعاصرة هي خليط من التقاليد المتوارثة، ومن التمازج مع الشعوب الأخرى، وتختلف نسب هذا الخليط من مجتمع لآخر، ومن أمة لأخرى.

> لا يوجد أي مجتمع مستقر وله تاريخ، إلا وهو يتمتع بهوية وشخصية خاصة تختلف عمَّا حوله من المجتمعات

وتتحدد الهوية لشعب ما بأنها: مجموع قوائم السلوك واللغة والثقافة التي تسمح لشخص أن يحتفظ بانتمائه للمجتمع ويتماثل معه. وتبصم هذه الهوية الإنسان منذ طفولته جسداً وروحاً بصورة لا يسهل محوها مع الزمن، وتشكِّل الهوية القالب الفكري الذي يبني عليه الفرد اختياراته في الحياة، وعلاقته بالآخرين سواء في مجتمعه أو في المجتمعات الأخرى. فالشخصية إذن هي رأسمال من العادات والتقاليد التي

---

١ «عولمة الثقافة»، جان بيير فارنيي، ترجمة عبد الجليل الأزدي، الدار المصرية اللبنانية، القاهرة، ٢٠٠٣م، ص٩

يتشربها الشخص عبر انتمائه لمجتمع ما، وتعبِّر عن نفسها من خلال الأنشطة التي يقوم بها هذا الشخص في مجتمعه وخارجه.

واهتم السياسيون منذ فترات طويلة بتأثير الشخصية العامة للمجتمع في القرارات السياسية لأفراد هذا المجتمع. وقد بيَّن المؤرخان البريطانيان إريك هاوسبان وتيرنيس رانجر الطريقة التي تمت بها إعادة تشكيل الشخصية الأوروبية في القرون الماضية من خلال إحياء تقاليد محددة من الماضي، وتجنيد هذه التقاليد من أجل التنافس القومي، أو إحباط مساعي بعض الأنظمة الملكية والدول الأوروبية لإقامة أنظمة مركزية.

ففي القرنين التاسع عشر والعشرين مثلاً؛ تمت إعادة إنتاج واستجلاب تقاليد سكتلندية أوشكت أن تُنسى أو تندثر من أجل خدمة مشروع استقلال اسكتلندا عن التاج البريطاني، وهكذا يمكن أن تُستخدم الصفات العامة للمجتمع وتُوظّف سياسياً. وقد برع الإعلام الأمريكي في توظيف الشخصية الأمريكية من أجل تمرير الكثير من مشروعات الهيمنة السياسية الخارجية، أو دعم دول بعينها رغم مخالفتها لكل القوانين الدولية.

شخصية الناخب تعبِّر عن الشخصية الأمريكية، وتساهم بصورة مباشرة وغير مباشرة في القرارات السياسية في الحياة الأمريكية، سواء كانت هذه القرارات متعلقة بالسياسات الداخلية، أو السياسات الخارجية التي تؤثر بشكل مباشر في شعوب العالم

الناخب والسياسي

وعلى الرغم من خضوع أن العملية الديمقراطية في الولايات المتحدة لتأثيرات عديدة من قِبَل قوى مؤثرة كالإعلام والمراكز الفكرية ومؤسسات الضغط السياسي؛ فإن الناخب يبقى أحد العوامل المؤثرة التي يصل من خلالها أي مرشح إلى المناصب السياسية ودوائر صنع القرار في أمريكا.

ولذلك فإن شخصية الناخب التي تعبِّر عن الشخصية الأمريكية تساهم بصورة مباشرة وغير مباشرة في القرارات السياسية في الحياة الأمريكية، سواء كانت هذه القرارات متعلقة بالسياسات الداخلية، أو السياسات الخارجية التي تؤثر بشكل مباشر في شعوب العالم.

كما أن السياسي الأمريكي هو جزء من البيئة الاجتماعية التي ينشأ فيها، ومن ثَمَّ فإن سمات الشخصية الأمريكية تترك آثارها وبصماتها على قراراته السياسية وميوله الفكرية أيضاً.

وقد أصبحت السياسة الأمريكية أحد المحددات الرئيسة في السياسات العالمية، وتدخلت القرارات الأمريكية في الشؤون الداخلية للكثير من دول العالم. وبصرف النظر عن قبول ذلك أو رفضه؛ فإن معرفة الشخصية الأمريكية التي تساهم في صياغة مشروع الهيمنة الأمريكية يُعَدُّ اليوم أمراً مهماً لمواجهة هذا المشروع أو فهمه، أو إدراك أبعاده.

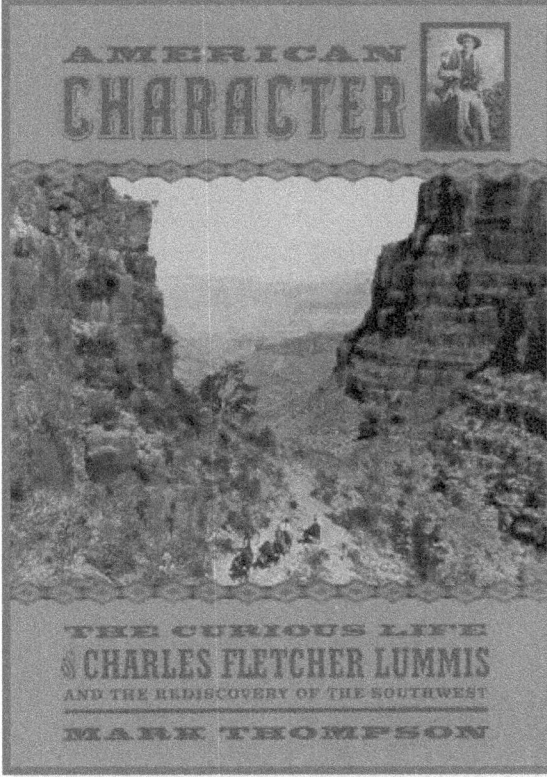

اهتم الغرب مبكرا بسمات الشخصية الأمريكية

يعبِّر عن هذا الواقع الكاتب المصري محمد حسنين هيكل قائلاً: «إن الإمبراطورية الأمريكية أصبحت ظاهرة غير مسبوقة في قصة الإنسانية، فهي حاضرة في كل قارة من قارات الدنيا، ضاغطة على كل إقليم، محشورة في كل بلد، مندسَّة في كل بيت، وتلك أحوال تدعو بالتأكيد إلى القلق؛ لأن العالم لم يعرف من قبل دولة «متداخلة» إلى هذا الحد في حياة ومستقبل غيرها من الدول. وقد عرف العالم من قبل دولاً «متدخِّلة»، لكن التداخل الأمريكي في حياة البشرية مع بداية القرن الواحد والعشرين تجربة طارئة تستوجب القلق، وتستدعي التنبه في محاولة للفهم هي الآن ضرورية وعاجلة»[٢]!

وامتد هذا الواقع ليشمل الكثير من المجالات؛ كما يعبِّر عن ذلك الكاتب الفرنسي هيوبير فيدرين: «إن تفوق الولايات المتحدة يمتد اليوم إلى الاقتصاد، والعملة، والمجالات العسكرية، وطراز الحياة، واللغة، والمنتجات الثقافية الكبرى التي تغرق العالم، وتشكِّل الفكر، وتفتن حتى أعداء الولايات المتحدة بجاذبية آسرة»[٣].

ولذلك فإن معرفة سمات الشخصية الأمريكية وأبعادها؛ هي ضرورة ملحّة للمهتمين بأمور السياسة الخارجية الأمريكية التي أصبحت تؤثر في معظم دول العالم.

---

٢ «من نيويورك إلى كابول، كلام في السياسة»، محمد حسنين هيكل، دار الشروق، ٢٠٠٣م

٣ «فرنسا في عصر العولمة»، هيوبير فيدرين ودومينيك موزاي، مطبعة مؤسسة بروكينجز، ٢٠٠١م، واشنطن، ص ٢

شخصية المجتمع والقرار السياسي

السياسة عملية إنسانية تتأثر بالأفراد وتؤثر فيهم أيضاً، وتتأثر العملية السياسة في أي مجتمع بطبائع الشعوب المكوِّنة لهذا المجتمع. وقد عرَّف روبرت دال السياسة بأنها: « «علاقات إنسانية» تتطلب إلى حد كبير السيطرة أو النفوذ أو القوة أو السلطة»[٤].

«وتلعب السياسة دوراً مهماً في توفير الوسيلة التي يمكن للأفراد عن طريقها التعبير عن قيمتهم فيما يتعلق بالقضايا العامة، والعمل على تحقيق تلك القيم على الساحة العامة»[٥].

هناك صفة مميزة للشخصية الأمريكية، وهي منتشرة بوضوح في الأمريكي الأبيض (اليانكي)، ألا وهي امتزاج المهارة مع الروحانية

رالف والدو إيميرسون

---

٤ «الدين والسياسة في الولايات المتحدة»| الجزء الأول| مايكل كوربت وجوليا كوربت| مكتبة الشروق| ٢٠٠٢م| ص ١٤

٥ المرجع السابق

الفصل الثاني: تاريخ الشخصية الأمريكية

«الأمريكي كان مقتنعاً، منذ اللحظات الأولى لتكوين هذا الكيان، بأن النهب وسرقة الثروات يمكن تسويغها من أجل إقامة المدينة الفاضلة التي تصلح لإقامة شعب الله المختار؛ بعد خروجه الجديد من أجل إقامة مملكة الرب».

تاريخ الشخصية الأمريكية

من الأمريكي؟

نشأت أمريكا كدولة وكمجتمع مدني على جموع المهاجرين من أوروبا منذ ثلاثة قرون، ولذلك فإن أغلب الأمريكيين الأوائل كانت أصولهم أوروبية. جمعت بين المهاجرين ظروف وصفات مشتركة عديدة؛ إضافة إلى عوامل اجتماعية أخرى ساهمت في اتخاذهم لقرار الهجرة من أوروبا إلى الولايات المتحدة.

المهاجر لا يقرر فقط الذهاب إلى مجتمع جديد، ولكنه يقرر ابتداءً التخلي عن مجتمع عاش فيه أجداده ونشأ وتربى فيه. المهاجر يقرر التغاضي عن الماضي والثقة في المستقبل بدلاً من الحاضر[٦]. لا بد من فهم لماذا يقرر إنسان ما الهجرة؟ ولماذا قرر الأمريكيون الأوائل ترك القارة الأوروبية؟ وكيف شكّل ذلك التركيب النفسي للشخصية الأمريكية، وجعلها مختلفة اختلافاً واضحاً عن الشخصية الأوروبية؟

التكوين النفسي للمهاجرين:

ترك الأمريكيون أوروبا لأسباب عديدة، بعضهم كانت تلاحقه ديون أو جرائم ارتكبها، وقرر الفرار إلى العالم الجديد للتخلص من ذلك، بعض البروتستانت انتقل إلى أمريكا ليحفظ نفسه من الاضطهاد الديني الذي كان يعانيه البروتستانت على يد الكنيسة الكاثوليكية الأوروبية، أو الكنيسة الإنجليكية في بريطانيا.

هاجر الكثير من الكاثوليك الإسبان أيضاً لرغبتهم في إقامة مملكة الرب في العالم الجديد. الكثير قرر ترك أوروبا هرباً من الاضطهاد العرقي والطبقية التي لا

> المهاجر لا يقرر فقط الذهاب إلى مجتمع جديد، ولكنه يقرر ابتداءً التخلي عن مجتمع عاش فيه أجداده ونشأ وتربى فيه. المهاجر يقرر التغاضي عن الماضي والثقة في المستقبل بدلاً من الحاضر

---

6 America: The Un-Europe, David Stolinsky, NewsMax.com, May 9, 2002.

تعطي للعامة فرصاً حقيقية للنجاح في مجتمع كان يحكمه من كانوا يسمّون أنفسهم «بالنبلاء»، ولم يكن لغيرهم في الحياة الأوروبية إلا الفتات، يعبِّر عن ذلك الكاتب الأمريكي «توم بين» قائلاً: «إن هذا العالم الجديد كان الملجأ للمضطهدين المحبين للحرية المدنية من كل مكان في أوروبا، ومن هنا؛ فإنهم لم يهربوا من الأحضان المعطاءة للأم، ولكنهم فروا من قسوة وحش»(٧).

الهوية الأمريكية لا تتمتع فقط باستقلالية عن بقية العالم، وإنما تضع نفسها إلى حدٍّ ما في مواجهته وفي مواجهة الطبيعة، والكون كله

المهاجرون الأوائل إلى أمريكا لم يتركوا أوروبا فقط، ولكن أوروبا تركتهم أيضاً، كانوا لسبب أو آخر منبوذين من المجتمع الأوروبي أو ظنوا ذلك. جاء الجميع إلى أمريكا لكي يتخلصوا من قيود التركيبة الاجتماعية الأوروبية، جاؤوا ليمارسوا دينهم بحرية، أو لا يمارسوه على الإطلاق.

يؤكد هذه الحقيقة الكاتب الأمريكي والتر أ.ماكدوجال قائلاً: «إننا - الشعب - حددنا ذواتنا منذ البداية في مقابل البريطانيين والفرنسيين والإسبان والهنود والقراصنة البربر، أو أي أجانب ملعونين آخرين»(٨). الهوية الأمريكية لا تتمتع فقط باستقلالية عن بقية العالم، وإنما تضع نفسها إلى حدٍّ ما في مواجهته وفي مواجهة الطبيعة، والكون كله.

حمل الأمريكيون معهم رغبة في حياة جديدة تتخلص من الأعباء النفسية الأوروبية، عبَّر عن ذلك أحد مؤسسي الدولة الأمريكية إبراهام لنكولن قائلاً: «الأمريكيون لا يهتمون كثيراً بمن كان أجدادهم.. المهم مَنْ هم الآن». وكتب عن ذلك أيضاً كريفيكور في وصفه للشخص الأمريكي: «إن الفرد الأمريكي هو من يترك وراءه كل الأحكام المسبقة والسلوكيات القديمة، ويحتضن أخرى جديدة من طريقة الحياة التي يعشقها، والحكومة الجديدة التي يطيعها، والمرتبة الجديدة التي يشغلها»(٩).

7 “Common Sense” (1776), Paine, in Paterson, Major Problems, pp. 30 - 33.

٨ «أرض الميعاد، والدولة الصليبية، أمريكا فى مواجهة العالم منذ ١٧٧٦م»، ولتر أ.مكدوجال، ترجمة: رضا هلال ٢٠٠٣م، المقدمة، ص ٢٥

9 “Genesis”, Van Astyne, , P.63

بين الجغرافيا والتاريخ

حبا الخالق أمريكا بالكثير من الجغرافيا، والقليل من التاريخ. أمريكا بلد غني في الموارد بلا حدود، وخفيف في أثقال التاريخ وحمولاته، وهو ما لم يتمتع به غيره. ويرى محمد حسنين هيكل في تحليله للشخصية الأمريكية أن ذلك مَنَحَ الأمريكي اطمئناناً إلى وفرة مادية طائلة، ثم إنه أعفاه من وساوس تاريخية ينوء بها العديد من الأوطان أو البلدان الأخرى.

ويركز على هذه النقطة قائلاً: «إن الذاكرة الوطنية للشعوب في بعض الأحيان عبء بمقدار ما هي حافز، لكن الهجرة إلى أمريكا كانت مشروطة بالتخلي عن القديم، والبدء من جديد لمن يبغون الفرص الطموحة. وإذا اعتبر هذا الحال فقراً في الإرث أو التراث؛ فإنه كان في نفس اللحظة عوناً على مواجهة المستقبل مفرغاً من العقد والمسؤوليات مما يخلفه الإرث أو التراث»[١٠].

أمريكا بلد بلا تاريخ يُذكر، ولكنها ذات واقع وامتداد جغرافي يعوضها عن نقص التاريخ، ولذلك فإن النظرة الأمريكية بالعموم تقلِّل من شأن التاريخ، وتعظِّم من قيمة الموقع والحدود والجغرافيا

أمريكا بلد بلا تاريخ يُذكر، ولكنها ذات واقع وامتداد جغرافي يعوضها عن نقص التاريخ، ولذلك فإن النظرة الأمريكية بالعموم تقلِّل من شأن التاريخ، وتعظِّم من قيمة الموقع والحدود والجغرافيا. ليس مهماً تاريخ الصراع حول أي قضية.. المهم أن يُترجم هذا الصراع إلى واقع جغرافي أو شيء واقعي آخر.. التاريخ ليس إلا ماض لا قيمة حقيقية له في حياة المواطن الأمريكي، أو في السياسة الأمريكية.

ولذلك عندما أراد الرئيس الأمريكي السابق بيل كلينتون حلّ معضلة القدس؛ رأى أنه من مصلحة العرب أن يتركوا القدس لإسرائيل، وإذا كان العرب والمسلمون على إصرارهم بأن «القدس عربية»؛ فإنه في مقدورهم

---

١٠ «من نيويورك إلى كابول كلام في السياسة»، محمد حسنين هيكل، دار الشروق، ٢٠٠٣م.

تغيير اسم قرية قريبة وراء التل – هي أبو ديس – لتُسمّى «القدس»، وميزتها أنها على بعد بضعة كيلو مترات من القدس أمام التل. ثم يضيف إنهم فعلوا ذلك كثيراً في أمريكا، فهناك مدن في أمريكا اسمها «القدس»، وهناك مدن اسمها «القاهرة»، «والإسكندرية»، و«بيروت»!

هكذا يشكِّل تاريخ أمريكا وتكوينها الفكري آثاراً واقعية في القرارات السياسية، وهكذا يمكن أن تتحول مشكلة كبيرة كمشكلة القدس من قضية تاريخ إلى مشكلة جغرافية، وهكذا يجد السياسي الأمريكي مخرجاً يلائم تصورات الشخصية الأمريكية التي تجمع بين النفعية، وبين محاولة فرض الحلول الوسط لأي مشكلة!

لقد أثَّرت جغرافيا أمريكا في تصورات المهاجرين الاقتصادية أيضاً، فأمريكا كيان معزول عن كل ما حولها، وكانت المستوطنات الأولى للمهاجرين في هذه القارة متباعدة أيضاً ومستقلة جغرافياً وسياسياً واجتماعياً. أدرك الأمريكي منذ البدء أن عليه أن يكون مستقلاً اقتصادياً، وعليه أن ينمي كذلك الحاجات المحلية، ويكوِّن أسواقاً محلية تدعم القاعدة الاقتصادية اللازمة لبقاء المجتمع ورخائه.

وساهمت جغرافيا أمريكا في تنوع العرقيات والمذاهب الفكرية لقاطنيها، وكما يذكر المؤرخ الأمريكي روبرت وايب؛ فـ «الأمريكيون المختلفون فكرياً نجحوا في التعايش سوياً في أمريكا؛ لأنهم عاشوا متباعدين مكانياً في أنحاء القارة»[11].

الأمريكيون المختلفون فكرياً نجحوا في التعايش سوياً في أمريكا؛ لأنهم عاشوا متباعدين مكانياً في أنحاء القارة

المؤرخ الأمريكي روبرت وايب

ويؤكد هذه النقطة الكاتب ديفيد بروكس في كتابه (في طريق الجنة)، فيقول: «عندما ينتقل الأمريكيون في مختلف أنحاء القارة؛ فإنهم يميلون إلى الانتقال إلى الأماكن التي يجدون من يماثلهم في التفكير فيها، فالمتحررون يميلون إلى منطقة خليج سان فرانسيسكو مثلاً، والمحافظون يميلون إلى منطقة دالاس، وهكذا». إن مما يميز أمريكا أن لديها المساحة الكافية للتنوع الفكري والتعايش مع الآخرين دون مزاحمة مكانية أو فكرية، الاتساع الجغرافي ساهم في ذلك بشكل كبير.

11 "A place like no other", Michael Barone, US News and World Report, 26 April, 2004.

الدين والمهاجرون الأوائل

كان الدين أحد المحركات المهمة للحركة الاجتماعية للمهاجرين الأوائل للعالم الجديد.

كتب الرئيس الأمريكي بينجامين فرانكلين في مطوية نُشرت للتعريف بمزايا الحياة الأمريكية عام ١٧٨٢ م بعنوان (معلومات لمن يريدون الانتقال لأمريكا) قائلاً: «عدم الإيمان بالرب غير معروف هنا، الخيانة نادرة وغير معلنة، يمكن للإنسان في هذه البلاد أن يعيش عمراً طويلاً دون أن تتعرض تقواه لأي صدمة أخلاقية من جراء مقابلة كافر أو ملحد»(١٢)!

وعُرفت طائفة البيوريتانيين «التطهيريين»، والتي فرَّت من اضطهاد الكنيسة الإنجليزية إلى القارة الأمريكية، بأنها وضعت مرضاة الرب ضمن أهم اهتماماتها لنشأة المجتمع الجديد، ولكن البيوريتانية جمعت التقاليد الدينية البروتستانتية مع فكر مارتن لوثر وكالفن الذي يربط بين التقوى وبين النجاح الدنيوي.

«يمكن النظر إلى المراحل المبكرة من تاريخ الغرب من خلال التفاعل الجدلي بين مفهوم البروتستانت لحرية المسيحي وبين الالتزامات الاجتماعية، فإن المصلح الديني مارتن لوثر آمن بمبدأ الخلاص والبراءة من الآثام بالإيمان وحده، وبكهانة

كاتدرائية واشنطن والاهتمام المبكر بالدين

---

12 "The Faith of our fathers", Jay Tolson, US News and World Report, 26 April, 2004.

جميع المؤمنين، ولا وساطة لأحد بين الرب والإنسان سوى المسيح و«الإنجيل»؛ لذلك أعلن مارتن لوثر أن «لا البابا ولا الأسقف ولا أي شخص كان؛ له الحق ليفرض أي قانون على الإنسان المسيحي دون موافقته». لقد كان لدى «لوثر» عقيدة دينية ولكن لا مفهوم لديه لدولة كنسية، فالكنيسة الحقيقية لديه غير مرئية، «تجمُّع قلوب في الإيمان» دون بناء تنظيمي خارجي. لقد تقبل جون كالفن فكرة الفساد التام للخلق، وأن الخطيئة الأساسية قد فعلت فعلها بالإنسان كلياً؛ مع التأكيد على القوة العليا الحاكمة للرب، وأن إرادته عادلة لأنها منبع العدالة.

كان كالفن محامياً موهوباً يتمتع بحنكة رجل الدولة، فآمن بتنظيم كنسي مستقل عن سلطة الدولة، فلقد أدرك أن الكنيسة كمنظمة اجتماعية ونظيرتها الدولة تشكِّلان نوعاً من التسوية بين التزامات النظام الاجتماعي ومثال الحرية المسيحية. لذلك كانت التقاليد والفكر السليم والتجارب التاريخية تشكِّل قواعد مهمة لتنظيم الدولة وتنظيم الكنيسة؛ مع اعتماده الأساسي على الكتاب المقدس «الإنجيل» كمصدر للقوانين الأساسية لكل من الدولة والكنيسة»[١٣].

كانت الفكرة السائدة في المجتمع الأمريكي المتدين منذ البدء - كما يروي ماكس فيبر - أنه «ما دام المرء لا يستطيع أن يضمن بعمله الصالح موقعه في الجنة، لأن هذا مكتوب سلفاً، فالثراء في الدنيا لا بد أن يكون علامة من علامات الاصطفاء الإلهي»

كانت الفكرة السائدة في المجتمع الأمريكي المتدين منذ البدء - كما يروي ماكس فيبر - أنه «ما دام المرء لا يستطيع أن يضمن بعمله الصالح موقعه في الجنة، لأن هذا مكتوب سلفاً، فالثراء في الدنيا لا بد أن يكون علامة من علامات الاصطفاء الإلهي». وانسجاماً مع الأخلاق البروتستانتية أيضاً؛ فلا يوجد شيء يُبرز وجود الله، وحضور العناية الإلهية إلى الأرض؛ أكثر من القوة أو السلطة وكثرة الإنتاج والعمل الدؤوب.

آمن البيوريتانيون أن الخطيئة الأولى - كما يعتقدون - وفساد البشر هما واقع الحياة، وقد وجدت هذه الرؤية طريقها إلى الحياة السياسية الأمريكية في التشكيل الحكومي المقيد بقيود وضوابط وفصل بين السلطات،لم يؤمن المؤسسون الأوائل أن هناك ديمقراطية دون قيود، وذلك بسبب خطيئة الإنسان وضعفه وسعيه الدائم للاستحواذ على السلطة والقوة.

كما آمن البيوريتانيون بفكرة «الشعب المختار»، وأن هدفهم هو إقامة أرض ميعاد جديدة، وأن رحيلهم من إنجلترا يُعَدُّ خروجاً توراتياً جديداً. وبسبب فكرة الشعب المختار حدثت أكبر مجازر التاريخ في القارة الأمريكية، فمن أجل أن تسود مملكة الرب؛ فلا بد من استئصال كل من يواجهها.

---

١٣ «الفكر السياسي الأمريكي»، كتاب مترجم، دار الخليج، محمد جلال عناية، الحلقة ١ — ٢٤ إبريل ٢٠٠٤م.

وأصبح مفهوم القوة محدداً مهماً في الرؤية الأمريكية للعالم، فالمصالح الأمريكية تحتاج إلى القوة لكي تتحقق، والقيم كذلك لن تنتشر إلا بالقوة، وبقاء أمريكا قوية يتحدد بتحقيق مصالحها ونشر قيمها المستمدة من بركات الرب في العالم، ولكي تتحقق المصالح وتنتشر القوة فلا بد من ممارسة القوة، لذلك اعتقد الأمريكي مبكراً أن القوة المستمدة من الغطاء الإلهي هي الوسيلة الأمثل لضمان بقاء أمريكا.

ولذلك نرى السياسيين يُقحمون الدين بشكل غير مباشر في السياسة الأمريكية من خلال تأكيدهم المستمر أن الرب يدافع عن أمريكا، وأن قضاياها عادلة. هناك دائماً غطاء إلهي لكل ما يقوم به السياسي الأمريكي، فأمريكا هي البلد الذي اختاره الرب للخروج الجديد، ولذا فهناك دائماً مسوِّغ لما تفعله أمريكا مهما كان بشعاً أو ظالماً!

تحوَّل الدين في أمريكا تدريجياً ليصبح خادماً للإنسان الأمريكي وللمشروع الأمريكي، وكما يقول هارولد بلوم في كتابه (الدين الأمريكي)؛ فإن المسيحية الأمريكية تجربة نفعية براجماتية أمريكية، وإن «يسوع الأمريكي» أقرب لما هو أمريكي مما هو مسيحي[١٤].

أما من الناحية الإيجابية؛ فقد كان للبيوريتانيين آثار إيجابية في مشروع أمريكا الجديدة، يعبِّر عن ذلك مؤلف كتاب (الفكر السياسي الأمريكي) قائلاً: «لا بد في النهاية من التركيز على مساهمة التطهريين (البيوريتانيين) في الفكر الدستوري الديمقراطي وفي الممارسة السياسية في أمريكا، فإنه رغم رفضهم لفكرة المساواة بين الأفراد إلا أنهم أكدوا كرامة الإنسان واستقلال ضميره. إن إقرار مبدأ موافقة الرعية كقاعدة شرعية في الفكر السياسي الأمريكي؛ هي انعكاس لمفهوم الميثاق الديني، وإن الحق الأخلاقي في مقاومة التصرفات الحكومية غير العادلة؛ جاء كامتداد لمبدأ مقاومة الأمر السياسي إذا تعارض مع العقيدة الدينية.

إن تأكيد البيوريتانيين على أن الكتاب المقدس مرشد أساسي للنشاط الإنساني؛ قاد الأمريكيين إلى التقيّد بالنصوص الذي ساد كل مناحي الحياة؛ بما فيها الشؤون السياسية. والنزوع الأمريكي للاعتماد على النص المكتوب في الدستور؛ يمكن إرجاعه إلى ثقافة البيوريتانيين.

ومن الصفات الحميدة التي تميز بها البيوريتانيون ميلهم إلى التسوية في القضايا الخلافية، واعتماد التسوية كوسيلة لتوازن العلاقات بين البشر في الولايات المتحدة يمكن إرجاعه إليهم. لقد أسهم البيوريتانيون بقدر كبير في الفكر الديمقراطي الدستوري في أمريكا بتأكيده الفردية، وإقامة نظام للتعليم العام، وحق مقاومة انحراف الحكام، وسيادة القانون، والتقيّد بالنصوص التشريعية فيما يتعلق بشؤون الحكم».

---

14 “The American Religion”, Harold Bloom, New York, Simon & Schuster, 1992, P.150.

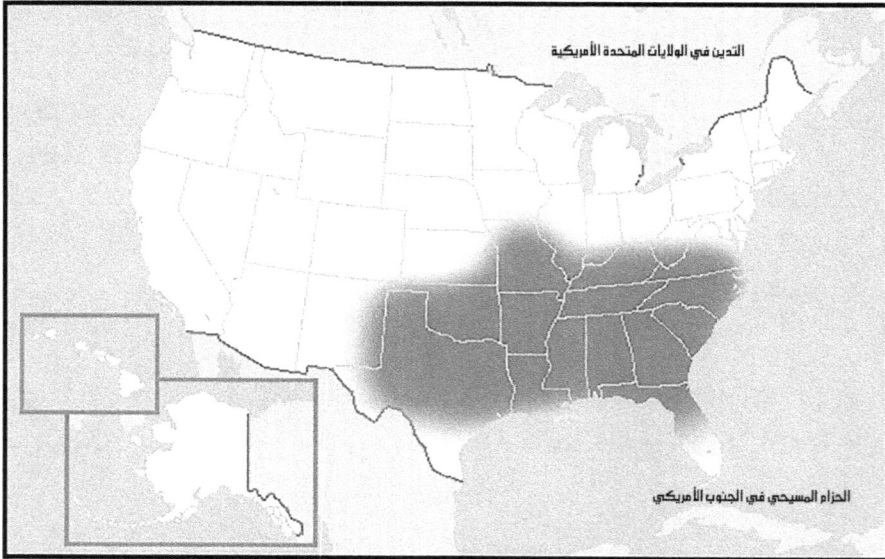

التدين في الولايات المتحدة الأمريكية

الحزام المسيحي في الجنوب الأمريكي

مناطق تركز التدين المحافظ في أمريكا

أمريكا: شركة أم دولة؟

بدأ الاستقرار في أمريكا مشروعاً تجارياً لشركة فرجينيا التي امتلكت امتياز نقل المهاجرين إلى العالم الجديد، كانت فكرة الربح وسيطرة رأس المال فكرة موجودة لدى العديد ممن قدموا إلى أمريكا للكسب المادي بطرق مشروعة أو غير مشروعة.

مع الوقت تحول مشروع الشركة إلى دولة، وانقسم المجتمع الأمريكي إلى مَنْ يحمي الدولة، ومَنْ يدافع عن حقوق الشركة، وإلى مَنْ يتحمس لفكر الشركة، ومَنْ يتحمس لسلطة الدولة، اقتنع الطرفان مع مضي الوقت أن القانون هو الملاذ الوحيد لضمان حماية الجميع من أنفسهم ومن منافسيهم.

وأصبح التاريخ الأمريكي مليء بنماذج التجار المغامرين الذين يستغلون «الشركة»، ورجال القانون الذين يتسترون خلف «الدولة»، الكل يسعى إلى الانتفاع الذاتي إما من التجارة وإما من السلطة، وما أكثر الأفلام الأمريكية التي تحكي عن رجل الأعمال في مقابل رجل المباحث، وراعي البقر في مقابل الشريف Sheriff، والمغامر في مواجهة المجتمع، كلها تختصر النموذج الأمريكي، والحياة الأمريكية، في مغامرات رجل الأعمال وطموحات رجل السلطة، أو الشركة في مقابل الدولة.

كتب المؤرخ الإنجليزي الشهير «بول جونسون» ضمن فصول كتاب (العملاق) قائلاً: «هناك في تاريخ أمريكا نوعان من الآباء المؤسسين للولايات المتحدة: نوع من صانعي الاستقلال وكاتبي وثائق الدستور، قادوا محاولة تطوير «الشركة» إلى «دولة»، وهم رجال مثل ألكسندر هاملتون، وصمويل جونسون، وجيمس ماديسون، وبنيامين فرانكلين.

التاريخ الأمريكي مليء بنماذج التجار المغامرين الذين يستغلون أمريكا «الشركة»، ورجال القانون الذين يتسترون خلف أمريكا «الدولة»، الكل يسعى إلى الانتفاع الذاتي إما من التجارة وإما من السلطة

أما النوع الثاني من البارونات اللصوص؛ فقد قادوا الرأسمالية الأمريكية، وحاولوا أن يحموا الشركة من طغيان الدولة، وهم من أمثال روكفلّر، وهنري فورد، وفاندر بيلت، وديلّون، وراند.

ومع استقرار أنظمة الحكم الأمريكية، ونموّ سلطة الشركات وتأثيرها في القرار الأمريكي؛ أصبح مشروع الشركة متداخلاً

تداخلاً شديداً مع مشروع الدولة؛ حتى إن الاهتمامات الفكرية عكست أيضاً روح الجمع بين الاثنين، وأصبح للرأسمالية الأمريكية هدفٌ جَمَعَ بين مصالح الشركة ومطامع الدولة؛ صاغه الكاتب الأمريكي «جاك بيتي» في سؤال واحد: «كيف يمكن تحويل ترف الرجل الغني إلى حاجة يومية للرجل العادي؟»

هذا هو جوهر العلاقة بين الدولة والشركة، والذي أصبح يُصدَّر إلى العالم كله في إطار مشروع الهيمنة.

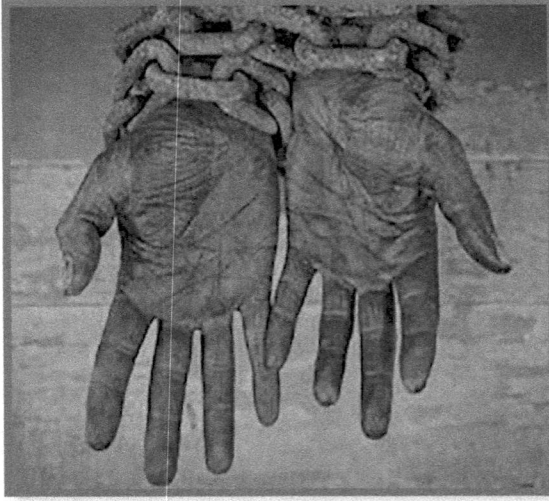

أول من باع العبيد في أمريكا لم يكن الرجل الأبيض بل كان أسمر البشرة أراد أن يكسب!

الوفرة والتوسع والسياسة الخارجية

قدم المهاجرون إلى قارة غنية بالموارد الطبيعية، فالقارة الأمريكية تمتلك أهم الموراد الاقتصادية في العالم كله؛ سواء كان ذلك من وفرة الأرض الزراعية أو المياه العذبة، أو المصادر الطبيعية من معادن ونفط وذهب وفضة، وأخيراً تنوع المناخ ووجود المحيطات، والثروة السمكية. وبسبب الوفرة في كل الموارد الطبيعية؛ لم يواجه التوسع الأمريكي المشكلات الاقتصادية التي تعترض النمو السريع في بلدان العالم القديم.

يضاف إلى ذلك أن الأمريكي كان مقتنعاً، منذ اللحظات الأولى لتكوين هذا الكيان، بأن النهب وسرقة الثروات يمكن تسويغها من أجل إقامة المدينة الفاضلة، والتي تصلح لإقامة شعب الله المختار؛ بعد خروجه الجديد من أجل إقامة مملكة الرب.

> **قدم المستعمر الأوروبي إلى قارة مأهولة بشعب لا يجيد فنون المراوغة والتحايل والنهب الأوروبي، والمستوطن الأوروبي قد فر من قارة كانت تعيش على استغلال شعوب العالم ونهبها، وكانت أمريكا بالنسبة لأوروبا هي مشروع المستقبل**

لقد أدى الدين والفكر النفعي دوراً مهماً في تسويغ سرقة القارة الأمريكية وتقنين نهبها، وتنفيذ مشروع التوسع للاستيلاء على كامل القارة. وقد واجه المشروع مشكلات في الشمال بعد إخفاق حملة غزو كندا عام ١٨١٢ م، والنجاح المحدود في حرب المكسيك عام ١٨٤٥ م، والتي مهدت لاقتناص الجنوب الغربي للولايات المتحدة.

واستمر مشروع التوسع، ولم يتوقف إلا عندما أوقفته المحيطات، والحدود الجغرافية، أو توازن القوى العسكرية مع الجيران والقوى الاستعمارية الأخرى.

واحتاجت أمريكا إلى السياسة الخارجية منذ الأيام الأولى لها، فقد قدم المستعمر الأوروبي إلى قارة مأهولة بشعب لا يجيد فنون المراوغة والتحايل والنهب الأوروبي، والمستوطن الأوروبي قد فر من قارة كانت تعيش على استغلال شعوب العالم ونهبها، وكانت أمريكا بالنسبة لأوروبا هي مشروع المستقبل، لم تكن أوروبا تقبل بفكرة أن يكون للعالم الجديد استقلال عن القارة الأم.

ولذلك احتاج الأمريكي منذ البدء إلى السياسة الخارجية ليستخدمها بصفاتها الاستعمارية والإمبريالية لنهب ساكني القارة، وليوقف أطماع أوروبا الراغبة في تحويل القارة إلى مصدر خيرات المستقبل لها.

ولذلك كانت السياسة الأمريكية منذ البدء سياسة استعمارية؛ تسببت في النهاية في إبادة شعب كامل. ولم يتوقف الفكر الاستعماري منذ ذلك الحين؛ وإن اختلفت المسوّغات السياسية والفكرية من زمان لآخر.

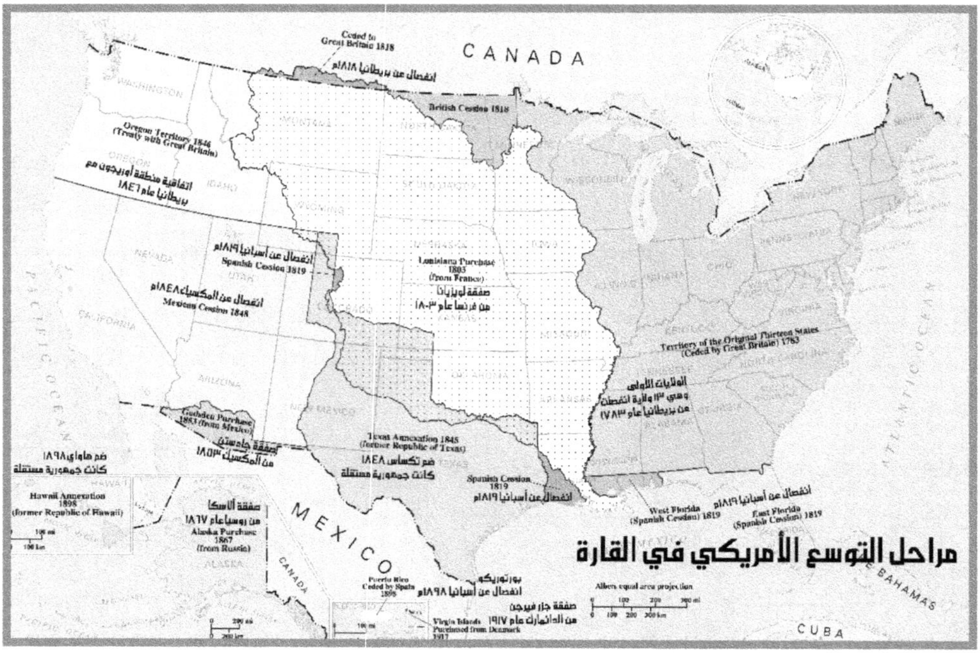

مراحل التوسع الأمريكي في القارة

الفصل الثالث: مقارنة بين الأمريكي والأوروبي

«الأوروبي يرى أن التاريخ خير معلم للتعامل مع شعوب العالم، بينما يرى الأمريكي أن التلويح بالمستقبل الأفضل هو أفضل إغراء يمكن أن يُقدّم لشعوب العالم. الأوروبي يحيا في الماضي؛ فقد كانت أوروبا فيه سيدة العالم، بينما يحيا الأمريكي في المستقبل؛ فلم يكن له ماض مشرّف، والمستقبل خير وسيلة لمحو خطايا الحاضر»

مقارنة بين الأمريكي والأوروبي

هل يوجد «شخص غربي» ؟

بسبب الاهتمام الكبير بالفرد الأمريكي على حساب المجتمع؛ تطورت الشخصية الأمريكية بعيداً عن الشخصية الأوروبية؛ على الرغم من كون الأوروبيين هم طليعة المهاجرين إلى أمريكا. ونجد اليوم أن ما يراه الأوروبيون مهماً في الحياة الاجتماعية يراه الأمريكيون تافهاً، والعكس صحيح كذلك.

وكثيراً ما ينظر المراقبون والمحللون في العالم العربي إلى الشخص الأمريكي والشخص الأوروبي كأنهما نموذج واحد يمكن أن يُطلق عليه «الشخص الغربي»، وقد يكون في هذا التعميم بعض الصحة في الجوانب الاجتماعية والأخلاقية، أما في النواحي الفكرية والثقافية والرؤى العامة للحياة؛ فإن الفوارق بين الشخصيتين تجعل من غير المقبول جمعهما معاً تحت إطار واحد.

ولا يقبل كثير من الأمريكيين أن يُجمعوا هم والأوروبيون في إطار فكري واحد، فالفوارق أكبر من أن تهمل، والتصورات عن مستقبل العالم ودور كل من القارتين فيه يختلف اختلافاً كبيراً متزايداً مع مضي الزمن، عبَّر عن ذلك الكاتب الأمريكي دافيد ستولينسكي عندما قال: «أمريكا هي انقلاب على كل ما هو أوروبي "Un-Europe".. لقد خطط آباؤنا لأمريكا أن تكون كذلك، والشكر لله. وعلى مدى قرنين من الزمان حافظ المهاجرون على أمريكا بهذه الطريقة، وينبغي أن نحافظ على ذلك نحن أيضاً"»[١٥].

الفوارق بين الشخصيتين الأوروبية والأمريكية تجعل من غير المقبول جمعهما معاً تحت إطار واحد

لم يبدأ هذا التباعد بين أمريكا وأوروبا مؤخراً، وإنما استقر في العقل الأمريكي منذ بدء الدولة الأمريكية، ففي خطاب التوديع عند انتهاء الفترة الرئاسية للرئيس الأمريكي الأول جورج واشنطن؛ عبَّر عن حرص أمريكا على الابتعاد عن أوروبا قائلاً: «إن أوروبا لها مجموعة من الاهتمامات الأساسية، والتي لا تمثل لنا إلا القليل، أو لا تهمنا على الإطلاق. ليس من الحكمة لنا في شيء أن نربط أنفسنا بعلاقة وهمية غير حقيقية بتفاصيل السياسة الأوروبية، أو الخليط التقليدي لها من التصادم والصداقة مع الأعداء والأصدقاء»[١٦].

---

15 "America: The Un-Europe", David Stolinsky, NewsMax.com, May 9, 2002.

16 "Historical and Theoretical Framework of American Foreign Policy", Mount Holoke College, May 1998.

ومن ناحية الأوروبيين؛ فهم أيضاً لا يستشعرون شيئاً من الارتباط السياسي أو الفكري مع الأمريكيين، يشرح راسل بيرمان – وهو كاتب أمريكي – نظرة الأوروبيين لأمريكا قائلاً: «إن العالم الإسلامي لا يحب القوة الأمريكية، ولا يحب التعالي الأمريكي ونجاحاته. أما في الغرب – غير الأمريكي – فإن الاعتراض الرئيسي على أمريكا يبدو أنه دائماً «الشعب الأمريكي» نفسه، فامتعاض الأوروبيين من أمريكا يتعدى الخلاف السياسي، ويعبِّر عن كراهية أشد عمقاً واتساعاً»(١٧). ولعل من المناسب في هذا المقام ذكر بعض أمثلة التناقض بين الشخصيتين ليتضح الفارق بينهما، وليتضح كذلك تأثير كلٍّ من الشخصيتين في الحياة السياسية، والقرارات التي تصدر عن مؤسسات الحكم في كلا الجانبين.

الأولويات العامة

يهتم الأوروبيون بلهجة المتكلم التي تدل على طبقته الاجتماعية، ودينه الذي يحدد هويته، وخلفيته العرقية التي تحدد مكانته. أما الأمريكيون فيهتمون بالقوة المالية للإنسان، وعلاقاته وقدراته الشخصية، ويرون اللكنة أو الدين أو الطبقة الاجتماعية من توافه الأمور.

اللهجة والدين والخلفية العرقية تعدُّ محددات أساسية في العملية السياسية الأوروبية، وشواهدها كثيرة، وسيأتي ذكر بعضها لاحقاً، ولا يعني ذلك أنها مهملة أو لا تأثير لها في الواقع السياسي الأمريكي، ولكنها هامشية مقارنة بغيرها من المؤثرات، وخصوصاً العلاقات والقوة المالية، فهي تُعَدُّ من أهم مقومات العمل السياسي الأمريكي. وقد يكون للدين دور كبير في الحياة الأمريكية السياسية؛ ولكنه ليس دائماً بسبب تديُّن المجتمع الأمريكي، وإنما بسبب تطويع الدين لخدمة السياسة.

الإبداع والابتكار

يعشق الأوروبيون ابتكار النظريات، أما الأمريكيون فيعشقون تطبيق الأفكار وتحويلها إلى واقع مشهود. أفرزت أوروبا في القرن الماضي النازية والفاشية والاشتراكية، وكلها نظريات لم يُكتب لها النجاح.. وذلك من الخير للبشرية. وقد أفرز التأثير الأوروبي شخصيات عالمية لم تكن مقبولة لدى شعوبها؛ مثل ماوتسي تونج، أو الخميني، ولم تنجح في تحويل أفكارها إلى واقع مشهود مستمر وناجح.

أما الأمريكيون فقد أخذوا الأفكار الأوروبية الناجحة في كل المجالات، وأحسنوا استثمارها بكل الطرق الاقتصادية والتجارية والنفعية؛ لكي تتقدم أمريكا إلى الأمام.

أوروبا ابتكرت صناعة السيارات، ولكن العمل لصنع سيارة واحدة كان يستغرق ثلاثة أيام، ثم توصَّل الأمريكي هنري فورد إلى فكرة خط الإنتاج: مسار واحد للسيارة يضيف إليه كل عامل تمرُّ السيارة أمامه قطعة واحدة، وتم اختصار مدة صنع سيارة واحدة من ثلاثة أيام إلى ثلاث ساعات.

---

17 Europe and America: A Cultural Divide", Russell A. Berman, Hoover Digest, 2003. No. 4.

وعلى هذه الشاكلة طورت أمريكا دائماً الأفكار الأوروبية الناجحة من وجهة نظر الأمريكي، فعندما ابتكرت أوروبا النسبية؛ حولتها أمريكا إلى قنابل نووية ومفاعلات ذرية، ولمّا ابتكرت أوروبا الفكر الرأسمالي؛ حولته أمريكا إلى مشروع متكامل للهيمنة على العالم اقتصادياً.

وعندما ابتكرت أوروبا محركات الدفع النفّاث؛ حولتها أمريكا إلى صواريخ وأسلحة تهدد البشرية بالفناء، وسفن فضاء قادرة على اختراق الغلاف الجوي واكتشاف الفضاء. الشخصية الأمريكية تبحث عن تنفيذ الأفكار، أما الشخصية الأوروبية فإنها تتمحور حول الابتكار والإبداع.

الولع بالقوة

الشخصية الأمريكية تعشق القوة بل تعبدها، وتقلل من شأن القيم والمبادئ في الحياة مقابل القوة، لا يعني ذلك أن أمريكا تمثل مجتمعاً بلا مبادئ، ولكنها تلي القوة من ناحية الأولويات. بعض الناس يعتقد أن أمريكا تمارس السيطرة العسكرية على العالم لأنها تمتلك القوة، الأهم هو أن نعرف أن الشخصية الأمريكية تهوى امتلاك القوة، وترى أن القوة هي الوسيلة الأمثل للتعامل مع كل المشكلات مهما كان نوعها.

استخدم الأمريكي الأول البندقية لحلّ كل مشكلاته؛ حتى إن كانت سبباً في جر الويلات عليه، واستمر الأمريكي ينظر إلى البندقية كأنها الطريق الأمثل للأمان ولحلّ المشكلات، فهو قد فر من قارة كانت تضطهده وتحتقره وتذكّره دائماً بالضعف لسبب أو آخر، وحينما جاء إلى أمريكا ضعيفاً هائماً خائفاً؛ أصبح الحصول على القوة نهماً نفسياً لا يرتوي الإنسان الأمريكي منه أبداً.

وفي المقابل؛ فإن الأوروبي يعاني عقدة الذنب عندما يتحدث عن القوة، فعندما اجتمعت للأوروبيين القوة حاولوا تدمير العالم مرتين، وكان من ضحايا الحروب العالمية التي أثاروها عشرات الملايين من القتلى، ولذلك أصبح الأوروبيون يخافون من امتلاك القوة؛ بينما يعشقها الأمريكيون.

ومن أجل ذلك يتغنى الأوروبيون اليوم بالمبادئ الدولية وحقوق الدول؛ بينما تاريخهم يشهد أنهم داسوا كل هذه الحقوق عندما اجتمعت لهم القوة ولم يحسنوا استخدامها. الأمريكيون لا يعانون تلك العقدة بعد.

إن حب استخدام القوة في الشخصية الأمريكية ساهم في قبول فكرة احتلال العراق، ولا يعني ذلك أن الأوروبيين لم يكونوا يفكرون أيضاً في الاستفادة من اهتزاز الوضع السياسي في العراق، الكل كان يسعى إلى نهبها؛ وإن اختلفت الطريقة تبعاً لشخصية الجهة التي تسعى نحو نهب خيرات أمتنا.

الأوروبيون كانوا يريدون احتواء العراق؛ بينما مال الأمريكيون إلى الاستيلاء عليها. الأوروبيون كانوا يريدون استخدام المؤسسات الدولية للسيطرة على النفط العراقي والشعب العراقي؛ بينما رأى الأمريكيون أن البندقية هي الطريق الأسرع لنهب خيرات ذلك البلد.

المبادئ في مقابل القوة:

وإذا كان الأوروبيون يعانون اليوم عقدة الذنب تجاه امتلاك القوة، فالأمريكيون يعانون مشكلة النهم والرغبة الدائمة في امتلاك القوة، فهناك فارق آخر بين الشخصيتين من ناحية علاقة القوة بالمبادئ.

الأمريكي يقدّم القوة على المبدأ، ويضحي بالمبدأ من أجل امتلاك القوة أو تجنب مواجهة مَنْ هو أقوى؛ في المقابل تنحو الشخصية الأوروبية إلى تقديم المبدأ على القوة، والتضحية بالقوة من أجل المبدأ.

القوة هي عقدة الذَّنْب الأوروبية؛ بينما المبادئ هي عقدة الذَّنْب الأمريكية

فالشعوب الأوروبية لا تزال تقدِّم المبادئ السياسية على القوة السياسية، ولذلك استمر صراع الشعب الأيرلندي ضد التاج البريطاني طوال خمسة قرون، حتى مع ضعف الأيرلنديين في مواجهة الإمبراطورية البريطانية التي كانت الشمس لا تغيب عنها!

وتكرر الموقف نفسه في يوغوسلافيا، فقد استمر الصرب في محاولاتهم للاستقلال بدولتهم على الرغم من القهر الشيوعي، وتحالف العديد من دول العالم ضدهم. وكذلك الحال في إقليم الباسك في إسبانيا، والعديد من التيارات الانفصالية التي تحيا من أجل مبادئها وتُقدّمها على القوة السياسية. ويلاحظ كثرة هذه التيارات في أوروبا قياساً بالولايات المتحدة التي تنحو التيارات الانفصالية فيها إلى البحث عن وسائل للحصول على القوة قبل السعي إلى الحياة وفق مبادئ محددة. بالمجمل يمكننا القول إن القوة هي عقدة الذَّنْب الأوروبية؛ بينما المبادئ هي عقدة الذَّنْب الأمريكية.

العلم الأمريكي والفن الأوروبي

الشخصية الأمريكية تقدِّم القوة على الفن حتى في المهارات الإبداعية، وهذه ملاحظة عامة لا تخلو من استثناءات، ولكن يلاحظ إجمالاً اهتمام الرياضي الأمريكي مثلاً بالقوة البدنية؛ بينما يهتم الرياضي الأوروبي بالمهارة. يركز الإعلام الأمريكي على مظاهر القوة في الرياضي الأمريكي (أسرع - أطول – أقوى – إلخ)، وتُهمّش المهارات الفنية في مقابل القوة البدنية، والقدرة على تحقيق معدلات أعلى من غيرها.. وليس أداء أجمل من غيره.

الموسيقي الأمريكي يتقن العزف على الآلات ويتمتع بالمهارة في ذلك، أما الأوروبي فيهتم أكثر من الأمريكي بالحس الموسيقي والإلهام الفني، وينمّي حاسة الابتكار والإبداع، يتحدث عن ذلك أحد الكتاب الأوروبيين قائلاً في وصف الفن الأمريكي: «إن شعباً بلا ماض لا يمكن أن ينتج سوى فن بلا جذور»، وعبَّر عن النقطة نفسها أيضاً خوان جريس أحد الرواد المعاصرين في فن الرسم التكعيبي الأوروبي قائلاً: «إن تميز الفنان يتوقف على قوة الماضي الذي يحمله داخله»[١٨].

---

١٨ «إرهاب الغربي»، الجزء الأول روجيه جارودي مكتبة الشروق الدولية، ٢٠٠٤م.

وفي وصف المواصفات الأمريكية للفن؛ يلخص الفنان الأوروبي «بوفيه» تطوره فيما نصه: «إن أمريكا قد أرست قواعد الجهل في الفن. وكلما كان الفنان جاهلاً اعتبروه رائداً».

الباحث الأمريكي يجتهد ويكد في الملاحظة وفهم العلاقات بين موضوعات البحث، أما الباحث الأوروبي فيميل إلى تقديم الذكاء والقدرة على الابتكار والتميز. كنائس أوروبا جميلة البناء باهرة في الاهتمام بالتفاصيل الجمالية، أما كنائس أمريكا فهي ضخمة في الحجم ومتقدمة في التقنيات. الأديب والكاتب الأمريكي يتقن علوم اللغة؛ بينما أدباء أوروبا يتقنون فنون اللغة.

الأمريكي يحوِّل كل شيء في الحياة إلى علم يُبنى على خطوات وبرامج محددة، أما أوروبا فإنها تمثل العالم القديم في تقدير الفن والمهارة الشخصية في الإبداع. بين العلوم والفنون فروق كثيرة، وبين الشخصيتين الأمريكية والأوروبية من الفوارق الكثير أيضاً؛ على الرغم من كون كل منهما تتميز وتبرز بصور مختلفة عن الآخر.

بين الماضي والمستقبل

تعشق أوروبا الماضي بينما تعشق أمريكا المستقبل. الشخص الأوروبي يحب زيارة المتاحف التاريخية؛ بينما يهتم الشخص الأمريكي بزيارة متاحف العلوم والتقنية، ولذلك لا تخلو مدينة أوروبية من متاحف تاريخية، ولا تخلو مدينة أمريكية من متاحف للعلوم والتقنيات.

الأوروبي يرى أن التاريخ خير معلم للتعامل مع شعوب العالم؛ بينما يرى الأمريكي أن التلويح بالمستقبل الأفضل هو أفضل إغراء يمكن أن يقدَّم لشعوب العالم!

الشخص الأوروبي يرى أن التاريخ خير معلم للتعامل مع شعوب العالم؛ بينما يرى الشخص الأمريكي أن التلويح بالمستقبل الأفضل هو أفضل إغراء يمكن أن يقدَّم لشعوب العالم. الأوروبي يحيا في الماضي.. فقد كانت أوروبا فيه سيدة العالم؛ بينما يحيا الأمريكي في المستقبل.. فلم يكن له ماض مشرِّف، والمستقبل خير وسيلة لمحو خطايا الحاضر.

الحرية الفردية وسلطة الدولة

يميل الأمريكيون إلى تقديم الحرية الفردية على الضمان الاجتماعي، والذي يمكن أن تقدِّمه الدولة للأفراد مقابل التنازل عن بعض حقوقهم في الحريات الفردية، أما في أوروبا؛ فيميل الأوروبيون إلى تقديم حماية الدولة الاجتماعية على الحرية الفردية للأفراد، ولذلك فإن الخلاف حول النظرة إلى دور السلطة في الحياة الاجتماعية كبير بين الفريقين.

وفي دراسة أجراها معهد «بيو» الشهير في الدراسات الإحصائية حول الأولوية التي يعطيها الفرد الأمريكي للحرية الشخصية مقابل حماية الدولة؛ وجد أن ٥٨٪ من الأمريكيين يقدّمون الحرية الفردية على الضمان الاجتماعي من الدولة؛ إذا كان مقابل ذلك التضحية ببعض الحقوق الفردية في الحرية. وعندما طرح السؤال نفسه على الأوروبيين؛ اختار ٣٣٪ فقط من البريطانيين الحرية، و ٣٦٪ فقط من الفرنسيين، و ٢٤٪ من

الإيطاليين. وفضّلت الغالبية من الشعب الأوروبي الضمان الاجتماعي من الدولة على الحرية الفردية. تُظهر هذه الأرقام فروقاً فكرية مهمة بين أوروبا وبين أمريكا؛ في رؤية شعوبهما لدور السلطة في الحياة الشخصية.

الدين ومشروع العلمانية

بين العلمانية الأوروبية والعلمانية الأمريكية فروق كبيرة فيما يتعلق بالدين، فعلى الرغم من كون كلٍّ من المجتمعين يرى الفصل بين الدين والسلطة، وكليهما مقتنعاً بأن الحياة العلمانية هي الصورة الأفضل للمجتمع المدني المعاصر؛ فإن التعامل مع الدين في كلا المجتمعين مختلف تماماً. أوروبا أقامت مدنيتها المعاصرة على اصطناع العداء مع الدين..كل دين؛ بينما قامت العلمانية الأمريكية على توظيف الدين، وإحالته إلى عمل دعائي إعلامي يخدم مشروع العلمانية الأمريكية.

وكما يذكر الكاتب المصري رضا هلال في بحثه عن الدين في الولايات المتحدة الأمريكية؛ فإن «الفصل بين الدولة والكنيسة في التجربة الأمريكية، كما ورد في التعديل الأول من الدستور الأمريكي، كان جهداً لحماية الدين من الدولة وليس حماية الدولة من الدين»، وهذا أحد الفروق الرئيسة بين العلمانية الأمريكية والأوروبية. «لقد اعتمد الرؤساء الأمريكيون بدءاً من جورج واشنطن فصاعداً على الحس الديني، ليس للتأثير على عقول أبناء الشعب فحسب، بل على أفئدتهم أيضاً لتأييد الأهداف الرئاسية»[١٩].

> **أقامت أوروبا مدنيتها على اصطناع العداء مع الدين؛ بينما قامت العلمانية الأمريكية على توظيف الدين، وإحالته إلى عمل دعائي إعلامي يخدم العلمانية الأمريكية**

ومن الملاحظ أن مؤسسي أمريكا لم يحاولوا إقصاء الدين عن الحياة والمجتمع المدني، ففي الخطب والكلمات، ومن خلال رموز الحياة الاجتماعية العامة، حتى من خلال التقاليد السياسية التي ابتكروها؛ كان الدين ممثلاً بشكل دائم، فالخطب دائماً تنتهي بدعاء أن يحفظ أمريكا، والدولار به تأكيد أن أمريكا تثق بالإله، وافتتاح جلسات الكونجرس الأمريكي يتم بدعاء ديني، كل ذلك أكد أن مؤسسي أمريكا لم يقبلوا فقط بوجود الدين في الحياة العامة؛ وإنما عدّوا ذلك أيضاً شيئاً جيداً[٢٠].

حتى الشعب الأمريكي لا يأبى أن يكون لدى الرئيس الأمريكي بعض الميول الدينية، ففي استطلاع للرأي أجري منذ أربع سنوات؛ وجد أن ٧٠٪ من الشعب الأمريكي يرى أنه من الجيد أن يكون للرئيس الأمريكي رؤية دينية قوية[٢١]. ولذلك اهتم الساسة والإعلاميون منذ بدء الحياة السياسية الأمريكية باستغلال الدين لخدمة العملية السياسية، ونجحت الإدارات الأمريكية المتعاقبة في توظيف الدين، أو النفور من الدين لخدمة مصالحها السياسية

---

١٩ «الدين والسياسة في الولايات المتحدة»| الجزء الأول| مايكل كوربت وجوليا كوربت| مكتبة الشروق| ٢٠٠٢م| ص ٩.

20 "he Faith of our fathers", Jay Tolson, US News and World Report, 26 April, 2004.

21 "The Faith of our fathers", Jay Tolson, US News and World Report, 26 April, 2004.

والداخلية. لقد تحوَّل الدين في الولايات المتحدة إلى سلعة رائجة للكسب المادي لجميع من يتاجر فيه من قساوسة وسياسيين وناخبين. الدين في أمريكا خادم للعلمانية ومروِّج لها؛ بدلاً من أن يكون حكماً على فسادها، أو معادياً لها كما هو الحال في العالم القديم.

الكنائس في أوروبا خالية من البشر، ولا يزورها الناس إلا للسياحة ومعرفة التاريخ. لذلك فلا أثر سياسياً يُذكر لها في الحياة الأوروبية. أما أمريكا فالكنائس ملأى بالبشر، لكنهم أصحاب قلوب فرغت من الدين الحقيقي ضمن برنامج لعلمنة الدين استمر لعشرات السنين، شارك فيه الساسة ورجال الأعمال ورجال الدين أيضاً.

> **دور الكنائس التبشيرية الأمريكية في تعزيز الديمقراطية الشعبية، والإصلاح الاجتماعي الجذري، والتحالفات السياسية الجديدة، يقف بارزاً وعلى تناقض حاد مع دور الكنائس الأوروبية**
>
> المؤرخ روبرت فوجل

لقد تأثرت الشخصية الأمريكية بتعاليم الدين المسيحي تأثراً مشوّهاً، ساهم فيه باقتدار رجال الدين مع رجال السياسة، ونجحوا في تصوير الشخصية الأمريكية حيناً كأنها نموذج حي لحياة المسيح الذي اهتم بإصلاح الذات، وهو ما يركز عليه العهد القديم وتعاليم المسيح. وحيناً كأنها نموذج متطور لبولس الرسول الذي استخدم الدين لإصلاح العالم؛ كما في تعاليم العهد الجديد.

«يجيبنا ويليم فولبرايت بأن كلاً من تقاليد العهد القديم والعهد الجديد في أمريكا هي تعبير عن جانبين بارزين فى الشخصية؛ جانب أخلاقية النقص الإنساني (الاكتفاء بصلاح النفس)، وجانب أخلاقية الثقة في الذات الإنسانية (إصلاح العالم). وبعد عام ١٨٩٨م أفسحت الأخلاقية الأولى المجال للأخلاقية الثانية (الصليبية). ومع الإمبريالية التقدمية أصبحت أمريكا بولس الرسول الذي ينشر الرسالة بين الشعوب. وبالويلسونية [نسبة إلى الرئيس الأمريكي الأسبق وودورد ويلسون] حاولت أمريكا أن تكون الكنيسة العالمية وليس مجرد إسرائيل جديدة»[٢٢]. شاركت الكنيسة الأمريكية في العمل السياسي مبكراً كما يشير المؤرخ روبرت فوجل فإن «دور الكنائس التبشيرية الأمريكية في تعزيز الديمقراطية الشعبية، والإصلاح الاجتماعي الجذري، والتحالفات السياسية الجديدة، يقف بارزاً وعلى تناقض حاد مع دور الكنائس الأوروبية»[٢٣].

تأثير اليهود في علاقة السلطة بالمجتمع

ساهم اليهود في تطوير المشروع العلماني بقوة في الحياة الأمريكية في القرن الماضي، وخاصة ما يتعلق بعلاقة السلطة بالأفراد، ودور الدين في ذلك. أما في أوروبا فلم يتمكن اليهود من ممارسة الدور نفسه؛ لنمو الكراهية مبكراً بين الأقليات اليهودية وبين الشعوب الأوروبية.

---

٢٢ 'أرض الميعاد، والدولة الصليبية، أمريكا فى مواجهة العالم منذ ١٧٧٦م»، ولتر أ.مكدوجال، ترجمة: رضا هلال ٢٠٠٣م.

٢٣ «اليقظة الكبرى الرابعة، ومستقبل المساواة»، روبرت فوغل، مطبعة جامعة شيكاغو، ٢٠٠٠م، ص ٧.

لقد عرف اليهود الخوف من الدين في كل مجتمع، وأثَّر ذلك في الحياة السياسية الأمريكية مبكراً لوجود عدد من المفكرين اليهود ضمن أروقة الإدارة الأمريكية منذ عقود طويلة. حرص المفكرون اليهود في أمريكا على تأكيد إتاحة العلمانية الحقيقية للجميع حقوقاً متساوية في المشاركة في السلطة بعيداً عن المعتقدات الدينية.

حرص المفكرون اليهود في أمريكا على تأكيد أن تتيح العلمانية حقوقاً متساوية للجميع في المشاركة في السلطة بعيداً عن المعتقدات الدينية

واهتم روجيه جارودي ببحث هذه المسألة، وكان من بين ما كتبه حول هذا الموضوع: «عادة ما شكَّل معتنقو اليهودية أقلية مضطهدة لا تتمتع بحقوق مدنية كاملة أينما عاشوا؛ منذ النفي البابلي لهم في الفترة ما بين ٥٧٨ - ٥٣٨ ق.م. وقد ساهم هذا - إلى حدٍّ ما - في قيام عدد من كبار المفكرين اليهود بوضع نظريات تؤيد الفصل التام بين الدين والحكومة لصالح الجميع»[٢٤].

«تسعى اليهودية إلى تحقيق ما هو أكثر من مجرد حق الأفراد في الإيمان بدينهم وممارسته كما يريدون، إنها تسعى إلى حقهم في أن يشاركوا مشاركة تامة في المجتمعات التي ينتمون إليها، ويشكِّلون جزءاً منها دون مواجهة أي نوع من التعصب، وهذا الأمر لا يتحقق إلا إذا التزمت الحكومات بالحيدة التامة فيما يتعلق بأمور الدين»[٢٥].

فالأمر لا يتعلق فقط بحق اليهود في ممارسة دينهم، أو حقهم في ممارسة السلطة والمشاركة فيها، ولكنه يتعدى ذلك إلى محاولة التأثير في نظرة أبناء الديانات الأخرى إلى علاقة الدين بالمجتمع والسلطة بوجه عام، وتحييد الدين خارج الحياة اليومية للبشر؛ بدعوى الفصل بين الدين والسياسة؛ ليصبح المشروع الحقيقي هو الفصل بين الدين والحياة، وبين الدين والمجتمع. نجح هذا المشروع لدرجة ما في السنوات الأخيرة، وأبرز دليل على تغلغل الفكر اليهودي إلى المؤسسات العالمية من خلال السياسة الأمريكية هو الإعلان الإنساني العلماني الذي صدر عام ١٩٨٠م؛ ليؤكد الفصل التام بين الدين والدولة، ويطالب بنقاط محددة؛ من بينها:

- ألا يُسمح للسلطة الدينية بتحويل رؤاها إلى قوانين تسري على المجتمع بجميع فئاته.
- ألا تُستخدم أموال الضرائب في دعم المؤسسات الدينية.
- عدم فرض الضرائب على الأفراد بهدف دعم الأديان.
- منع الصلوات الإجبارية وكل أنواع القسم الديني في التعليم أو السياسة.

أما أوروبا فلم تحتج إلى اليهود لكي يحاولوا فصل الدين عن السياسة، فقد كان الموقف العلماني الأوروبي يركِّز على هذا الجانب ابتداءً، كما أن وجود اليهود في مراكز التأثير السياسي في أوروبا قليل وغير مؤثر بدرجة التأثير نفسها المعروفة عنه في الولايات المتحدة الأمريكية.

---

٢٤ «الدين والسياسة في الولايات المتحدة»| الجزء الأول| مايكل كوربت| جوليا كوربت| مكتبة الشروق ٢٠٠٢م، ص ٣٠.

٢٥ «الدين والسياسة في الولايات المتحدة»| الجزء الأول| مايكل كوربت| جوليا كوربت| مكتبة الشروق ٢٠٠٢م، ص ٣٠.

الفصل الرابع: ملامح الشخصية الأمريكية

«تحولت الحرية الأمريكية إلى غطاء مقنّع للسيطرة على الإنسان؛ من خلال تغيير الاهتمامات، وإعادة تشكيل الهويات. وبعد ذلك يمكن أن يُترك للجماهير حرية الاختيار، فمهما تنوعت هذه الخيارات؛ فهي في النهاية ستعبّر عن رغبات السادة، فقد تم تغيير نمط التفكير ليوافق ما يريدون»

ملامح الشخصية الأمريكية

المجتمع الأمريكي مجتمع معقد ومتشابك ومتناقض أيضاً، وهذا الخليط هو سمة رئيسة من سمات المجتمع الأمريكي المعاصر، ولذلك فليس من الممكن أو من المناسب أن تعمم الأحكام على أشخاص بأعينهم، ولكن هدف هذا الكتاب هو تحديد الصفات المشتركة والشائعة ضمن التركيبة السكانية الحالية داخل الولايات المتحدة الأمريكية.

> أمريكا هي أكثر دول العالم تديناً وتفاؤلاً ووطنية ودفاعاً عن الحقوق، واهتماماً بالحرية الفردية»، ولكنها في المقابل أيضاً أكثر دول العالم غرقاً في المادية، والتمحور حول الذات، والغرور والتكبر

إن الولايات المتحدة اليوم هي ثالث دولة في العالم من ناحية تعداد السكان، وينتج اقتصادها ثلث منتجات وخدمات العالم أجمع، والجيش الأمريكي أقوى من مجموع جيوش العالم. وكما يذكر عالم الاجتماع الأمريكي سيمور ليبيت؛ فإن أمريكا «أكثر دول العالم تديناً وتفاؤلاً ووطنية ودفاعاً عن الحقوق، واهتماماً بالحرية الفردية»، ولكنها في المقابل أيضاً أكثر دول العالم غرقاً في المادية، والتمحور حول الذات، والغرور والتكبر».

وأشار إلى هذه النقطة منذ زمن أطول الرحالة والمفكر الفرنسي، أليكس توكفيلي عندما كتب عن الشخصية الأمريكية قائلاً: «الشخصية الحضارية الأنجلو-أمريكية هي حاصل الجمع بين صفتين متمايزتين مختلفتين بامتياز، وغالبا ما تصارعتا في مجتمعات أخرى، ولكنهما في أمريكا امتزجتا معاً بشكل رائع .. إنهما روح الدين وروح الحرية».

اهتم الأوربيون قبل غيرهم من الشعوب بفهم الشخصية الأمريكية، وبدأت تلك الكتابات منذ أعلنت أمريكا استقلالها عن بريطانيا في اعلان الاستقلال ١٧٧٦م. فنجد مثلا أن الرحالة الأوربيين في بداية القرن التاسع عشر اهتموا بالكتابة عن الشخصية الأمريكية رغم حداثة تكوينها.

ففي الفترة من ١٨٣٠ م إلى ١٨٤٠م، سافر عدد من الرحالة الأوربيين إلى أمريكا، وكتبوا انطباعاتهم عن الشخصية الأمريكية في ذلك الوقت، وأنها تختلف عن الشخصية الأوربية، وعن سكان المنطقة الأصليين. أجمع أكثرهم على صفة محددة في ذلك الوقت، وهي أن الأمريكي مغرم ومتيم بالتجارة وبالثروة. ولا تزال هذه الصفة بلا شك أحد السمات المكونة للمزاج الأمريكي العام.

بل أن بعض الرحالة أشار إلى أن صفة الولع بالثروة والتجارة، تسبب في ظهور صفات أخرى في الحياة الأمريكية مثل العجلة وقلة الصبر، والمزاج الحاد والجاد، والتحرر من القيود الأخلاقية بالعموم. ورغم المزاج الحاد، فقد وجد كثير من الرحالة أن الأمريكي متبسط وغير متكلف في تعاملاته بعكس الأوربي مثلا. ورغم أن كثير من هذه الصفات قد دونت في مطلع القرن التاسع عشر، إلا أنها اليوم تبدو وكأنها صفات مستمرة وأصيلة في تلك الشخصية الجمعية للحياة الأمريكية.

يرى مثلا الرحالة توماس هاميلتون، أن الأمريكي يقدم «الدولار على الصليب» بوجه عام، ويذكر قائلا: «أينما يتنافس حب المال مع التعصب الديني للأمريكي، فإن الثاني ينحاز إلى الأول ويفسح له الطريق .. إن المزاج الأمريكي الأبيض العام (اليانكي) هو نموذج لانعدام الأمانة»

> أينما يتنافس حب المال مع التعصب الديني للأمريكي، فإن الثاني ينحاز إلى الأول ويفسح له الطريق
>
> توماس هاميلتون

ويروي المدرس الألماني فريديرك جوستورف انطباعاته في نفس الفترة الزمنية، وهي أن الأمريكي «سريع في رد الفعل، وأقرب للحماقة، وأنه لا توجد له ولاءات ولا صداقات ولا يحترم أحد»[26]

إن فهم هذه الشخصية مهم لكل المهتمين بتطور الحضارة الإنسانية المعاصرة، وقد جمعنا تسع عشرة سمة من سمات الشخصية الأمريكية، وبيّنا أثر هذه السمات في الواقع السياسي للولايات المتحدة الأمريكية، وخصوصاً ما يتعلق بالقرارات المؤثرة في العالم الإسلامي. وفيما يلي عرض لأهم هذه الصفات المشتركة للشخصية الأمريكية وآثارها السياسية.

26 Frederick Julius Gustorf, The Unconuvted Heart: Tournal and Letters of Frederick Iulius Gustorf 1800-1845. (Columbia, MO: University of Missouri Press, 1969) p. 122.

١ - الفردانية

تُقدِّس الشخصية الأمريكية حقوق الفرد، وما يستتبع ذلك من طغيان الحق الفردي على الحق الجماعي. لذا نشأت فكرة الفردية أو ما يُسمّى Individualism. أصبح الفرد أهم من المجتمع في الحياة الأمريكية المعاصرة.

وعبَّر عن هذه الروح الفردية الفيلسوف الأمريكي رالف والدو إيمرسون قائلاً عام ١٨٤١ م في بحثه بعنوان (الاعتماد على الذات): «المجتمع في كل مكان يتآمر على رجولة كل فرد من أفراد هذا المجتمع، وكل مَنْ يريد أن يصبح رجلاً لا بد ألا يقبل الاندماج في أي مجتمع. لي فلسفة واحدة فقط، وهي لا نهائية الإنسان المستقل»[٢٧].

شكل راع البقر الأمريكي .. أو الكاوبوي .. عاملاً مهما في تشكيل الشخصية الأمريكية

27 "Those Rugged Individuals", Joannie Fischer, US News and World Report, 26 April, 2004.

إن الضعف الشديد في الحياة الاجتماعية الأمريكية وتفكك العائلة الأمريكية، والكثير من ظواهر طغيان الفردية والأنانية الشخصية؛ ترجع إلى التكوين الفكري والنفسي للمجتمع الأمريكي وقبوله لفكرة (الفرد أهم من الجماعة).

«يُعرَض في الأدب الأمريكي بصورة متواصلة موضوع البطل الذي يبتعد عن المجتمع، قد يكون وحيداً أو بصحبة قلّة من الرفاق، وذلك ليحقق بيئة مثالية للسمو الخلقي في البرية أو على أطراف المناطق المعمورة، ويمكننا أن ندرج في هذا السياق شخصية البطل الفرد الأسطورية التي يمثلها راعي البقر، الذي ينقذ المجتمع مرة بعد أخرى، ولكنه لا يستطيع الاندماج في هذا المجتمع على الإطلاق.

ويتمتع راعي البقر بمواهب خاصة، فهو يطلق الرصاص بسرعة أكبر وبتصويب أدق من الآخرين، ولديه إحساس خاص بالعدالة، إن هذه الصفات تجعل منه شخصاً متفرداً لا يمت إلى المجتمع بصلة.. قَدَرُه أن يدافع عن هذا المجتمع دون أن يرتبط به.. يمتطي صهوة جواده عند الغروب، يطوف وحيداً أو مصحوباً برفيقه الهندي الأحمر.

ولكن أهمية راعي البقر لا تأتي من عزلته وانفصاله عن المجتمع، ولكن لما يتمتع به من فضائل ومهارات خاصة التي من أجلها يرحّب به المجتمع لحاجته إليه. فراعي البقر يبدأ كغريب، ولكنه ينال في النهاية اعتراف الناس بفضله وإعجابهم بشجاعته.. وكأن الأسطورة تريد أن تقول إنك قد تكون رجلاً فاضلاً تستحق الحب والإعجاب إذا قاومت بشدة الالتحاق بالجماعة»[٢٨].

راعي البقر يبدأ كغريب، ولكنه ينال في النهاية اعتراف الناس بفضله وإعجابهم بشجاعته.. وكأن الأسطورة تريد أن تقول إنك قد تكون رجلاً فاضلاً تستحق الحب والإعجاب إذا قاومت بشدة الالتحاق بالجماعة .. إنها الفردانية الأمريكية!

وبسبب الطغيان المدني والإعلامي للحضارة الأمريكية - إن جاز استعمال مثل هذا المصطلح - فإن العالم اليوم يعاني تصدير هذه الثقافة، وأصبح المنادون بفكرة «الفردية» «والمصالح» يبشرون العالم بالنهضة إن تخلوا عن المجتمع في مقابل تمجيد قيمة الفرد، وتأثرت أوروبا بذلك كثيراً للانبهار بالحضارة الأمريكية التي قامت خلال قرنين من الزمان، وتفوقت على أوروبا على رغم نشأتها من تحت عباءة أوروبا.

يصف روجيه جارودي هذا المجتمع وصفاً دقيقاً عندما يقول: «إن نشأة مجتمع يطغى عليه التنافس والتزاحم بين الإنسان على السوق؛ أدى إلى ظهور أيديولوجية ساعدت على إرساء هذه الممارسة، وغيرت المفهوم القديم

٢٨ «العقل الأمريكي يفكر: من الحرية الفردية إلى مسخ الكائنات»، شوقي جلال، مشروع الكتاب الإلكتروني، المركز الدولي لدراسات أمريكا والغرب، ١٩٩٦م.

للعلاقات بين الإنسان والطبيعة، وبين الإنسان والإنسان، وبين الإنسان وربه. فالعلاقة بين الإنسان والطبيعة – وهي إحدى خصائص عصر النهضة – هي علاقة بين منتصر ومهزوم، والعلاقة بين الإنسان والإنسان هي علاقة شخصية للغاية، من هنا ظهرت فئة رجال الأعمال بالمعنى الإيجابي والسلبي للكلمة.

إن هذه الرغبة في تحقيق المنفعة والسيطرة؛ تماثل إرادة المغامر الإسباني الذي لم يتردد في عبور حدود العالم المعروف ونهب القارات والحضارات، كما أدت النهضة كذلك إلى نشأة علاقة جديدة بين الإنسان وربّه»(٢٩).

ونجحت الإدارة الأمريكية مؤخراً في إبراز مساوئ الفردانية الأمريكية من خلال إهمالها لرغبات العالم أجمع، بل تحديه تحدياً سافراً في أكثر من مجال؛ من بينها حقوق الإنسان، والحفاظ على البيئة، والعمل العسكري في العراق، وغيرها الكثير. ويمكن مقاومة هذه النزعة الفردانية من خلال إبرازها، والتعاون والتحالف مع القوى العالمية في مقاومتها.

> «تحوّل الولايات المتحدة نزعة التفرد إلى عادة؛ سيشعر الآخرون بألم القوة الأمريكية على نحو أقوى وأشد، وسينمو الحافز لتأديب السيد الكبير!
> جوزيف جوف

«فبقدر ما تحوّل الولايات المتحدة نزعة التفرد إلى عادة؛ سيشعر الآخرون بألم القوة الأمريكية على نحو أقوى وأشد، وسينمو الحافز لتأديب السيد الكبير»(٣٠).

ومن ناحية أخرى؛ فإن للفردية الأمريكية جوانب إيجابية فيما يتعلق بالعمل السياسي والمدني، فهي تشجع مقاومة الانحراف، وتصدي الفرد لطغيان الدولة، ويمكن استثمار ذلك إيجابياً بفضح مخططات الإدارة الأمريكية لدى الشعب الأمريكي.

إن من الملاحظ أن كثيراً من أعياد الولايات المتحدة الأمريكية تمجّد وقوف الفرد ضد السلطة، والرغبة في تحدي النظام القائم، ومن ذلك يوم الاستقلال (الحرب الأهلية)، ويوم مارتن لوثر كينج (حقوق السود)، وغيرها، ولذلك فإن للفردية الأمريكية جوانب مفيدة يمكن استغلالها.

وقد كتب عن ذلك المفكر الأمريكي ثورو في كتابه عن العصيان المدني قائلاً: «القوانين غير العادلة موجودة دائماً: فهل نستمر في إطاعتها، أم هل نسعى إلى تغييرها، ونستمر في طاعتها إلى أن نغيرها، أم أن الأفضل أن نتحداها مباشرة؟ إن الحلَّ يجب أن يكون في سحب الثقة والدعم للحكومة مباشرة؛ سواء على مستوى الفرد أو ما يملك»(٣١).

---

٢٩ «الإرهاب الغربي»، الجزء الأول، روجيه جارودي، مكتبة الشروق الدولية، ٢٠٠٤م، ص ١١٥.

٣٠ «من الخائف من السيد الكبير؟»، جوزيف جوف، ذي ناشيونال إنترست، صيف ٢٠٠١م، ص ٥٢.

31 "Agree to Disagree", Thomas Hayden, US News and World Report, 26 April, 2004.

يعلق على ذلك الكاتب الأمريكي «تيوبر» بأن هذه القوة الفردية ساهمت في تشكيل العالم، فقد تأثر بها المهاتما غاندي، وكان لتأثره بأسلوب العصيان المدني غير المسلح أثر في تحول أكثر من مليار شخص في الهند نحو الديمقراطية، وكذلك الحال مع مارتن لوثر كينج الذي ساهم في استعادة السود لبعض حقوقهم المدنية.

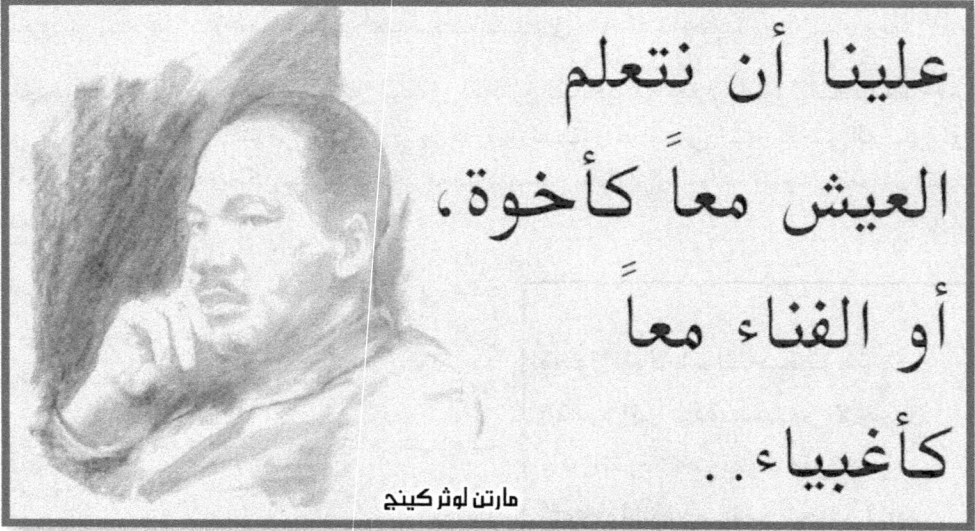

علينا أن نتعلم العيش معاً كأخوة، أو الفناء معاً كأغبياء..

مارتن لوثر كينج

جمع مارتن لوثر كينج بين تحفيز السود عبر الفردانية وعبر الجماعية معاً

٢- الشعور بالاستثنائية

الشعب الأمريكي يشعر دائماً أنه استثناء من كل قواعد الكون، وأنه قادر على القيام بما يراه الآخرون مستحيلاً.

كتب الروائي الأمريكي هيرمان ملفيل، في القرن التاسع عشر، عن الاستثنائية الأمريكية فقال: «نحن رواد العالم وطلائعه، اختارنا الرب، والإنسانية تنتظر من جنسنا الكثير. ونحن نشعر في مكنون أنفسنا بالقدرة على فعل الكثير. بات لزاماً على أكثر الأمم أن تحتل المؤخرة، إننا نحن الطليعة، ننطلق إلى البرية لنقدم ما لم يستطع تقديمه أحد».

ولذلك نشأت فكرة الاستثنائية في العقل الجمعي الأمريكي، وما يصاحب ذلك من الرغبة المستمرة في التجريب حتى إن كان ذلك يعني العبث بشعوب العالم، فما دامت الغاية تناسب أمريكا؛ فلا بأس أن تكون الوسيلة بشعة أو غير إنسانية، فأمريكا استثناء من كل قاعدة، ولا تمانع من الجمع بين المتناقضات.

> **أمريكا استثناء ديني، واستثناء جغرافي، واستثناء تاريخي، وتلك الاستثنائية الأمريكية طبعت السياسة الأمريكية بسمات المثالية، والنفعية، والتجريبية**
>
> جوزيف ناي

يسمع المواطن الأمريكي بانتهاكات الإدارات الأمريكية لحقوق الإنسان في كل أنحاء العالم، من فيتنام إلى مجاهل إفريقيا وإلى العراق مؤخراً، ومع ذلك فهو في قرارة نفسه لا يزال يعتقد أن أمريكا هي دولة حقوق الإنسان، وذلك بسبب العقلية الاستثنائية التي تعتقد أن أمريكا لها الحق في أن تنتفع من كل العالم، ومن كل شعوبه، في سبيل ترسيخ ما تريد من مفهومات، ولا مانع من أجل ذلك من انتهاك الكثير من المحظورات، ويعبِّر عن ذلك بوضوح أحد الكتاب الأمريكيين المعروفين قائلاً:

«إن أمريكا استثناء ديني، واستثناء جغرافي، واستثناء تاريخي، وتلك الاستثنائية الأمريكية طبعت السياسة الأمريكية بسمات المثالية، والنفعية، والتجريبية، فقد اقتضى تغيُّر الظروف تجريب مفاهيم ومبادئ سياسية عديدة، كانت مثالية أحياناً ونفعية في الغالب، حتى إن ناقداً للدبلوماسية الأمريكية مثل الدبلوماسي السوفييتي الشهير»أندريه جروميكو« عاب على أمريكا عدم قدرتها على صياغة سياسة ثابتة ومتماسكة؛

لأن للدبلوماسية الأمريكية مفاهيم ومبادئ عديدة أُعلنت في أوقات مختلفة، واستمرت تغذي السياسة الأمريكية»[٣٢]!

ولهذه الاستثنائية آثار سياسية متعددة ومستمرة، يكفي أن موقف الإدارة الأمريكية الحالي ومعظم أعضاء الكونجرس ومجلس الشيوخ يصبُّ في هذا الاتجاه، والتقرير المعبِّر عن استراتيجية الأمن القومي للولايات المتحدة الأمريكية الصادر في سبتمبر من عام ٢٠٠٢م ينص بصريح العبارة: «إننا سوف نتخذ الإجراءات الضرورية لضمان أن جهودنا للتصدي لاهتماماتنا بالأمن العالمي لن يتم إعاقتها باحتماليات إجراء تحقيقات، أو مساءلات، أو اتهامات من قِبَل محكمة الجرائم الدولية»[٣٣].

وتؤكد مفهوم استثناء أمريكا من قرارات المؤسسات الدولية أقوال مستشارة الأمن القومي الأمريكي كوندليزا رايس التي تقول: «ليس من القيادة، كما أنه ليس بالموقف الانعزالي، القول بأن للولايات المتحدة الأمريكية دوراً خاصاً في العالم، ولذا ليس من واجبها أن تنتسب لأية اتفاقية أو معاهدة دولية تُقترح عليها»[٣٤].

ليس مهماً الثمن الذي تدفعه الشعوب الأخرى ما دام الهدف الأمريكي سيتحقق! هذا هو جوهر الاستثنائية الأمريكية وتأثيرها في القرار السياسي الأمريكي اليوم

وهنا يمكن أيضاً فهم منطق «مادلين أولبرايت» وزيرة الخارجية الأمريكية السابقة في مقابلة تليفزيونية عام ١٩٩٨م عندما سُئلت عن استقالة اثنين من مفوضي الأمم المتحدة قدَّما استقالتيهما؛ لأنهما لم يستطيعا تحمّل وزر وفاة نصف مليون طفل عراقي راحوا ضحية نقص الغذاء والدواء؛ بسبب الحصار الذي تفرضه الولايات المتحدة باسم الأمم المتحدة على العراق؛ ردت «أولبرايت» قائلة للسائل بالحرف الواحد: «ربما أنه ثمن غال كما تقول، لكننا نرى أن الهدف الذي نطلبه يساوي ذلك الثمن وأكثر منه»!

ليس مهماً الثمن الذي تدفعه الشعوب الأخرى ما دام الهدف الأمريكي سيتحقق! هذا هو جوهر الاستثنائية الأمريكية وتأثيرها في القرار السياسي الأمريكي اليوم.

ويكتب نيوت جينجرتش، زعيم الأغلبية الجمهورية في الكونجرس الأمريكي عام ١٩٩٥م، قائلاً: «أمريكا وحدها هي القادرة على قيادة العالم، فهي الحضارة الدولية الكونية الواعدة في تاريخ البشرية، قيمنا يستعيرها العالم أجمع، تقنياتنا التي حولت أنماط الحياة كانت هي العنصر الأول المحرك لقوى العولمة.. وأي حضارة

٣٢ «أرض الميعاد، والدولة الصليبية، أمريكا في مواجهة العالم منذ ١٧٧٦م»، ولتر أ.مكدوجال، ترجمة: رضا هلال، ٢٠٠٣م، المقدمة.

33 "The National Security Strategy of the United States of America", President of USA, September 2002

34 "Promoting the National Interest", Condoleezza Rice, Foreign Affairs, January/February 2000, p. 47

أخرى نجحت في فرض هيمنتها على العالم بدون قمع؟! أمريكا هي الأمة الوحيدة الكبرى.. المتعددة الأعراق.. التي تستخدم الحرية كدليل»[٣٥].

يتحول التفكير السياسي الأمريكي بسبب الاستثنائية إلى فكر غير مقبول عالمياً، ولكنه مقنع للسياسيين الأمريكيين، بل منطقي أيضاً في نظرهم

وفي كثير من الأحيان يتحول التفكير السياسي الأمريكي بسبب الاستثنائية إلى فكر غير مقبول عالمياً، ولكنه مقنع للسياسيين الأمريكيين، بل منطقي أيضاً في نظرهم.

من أمثلة ذلك أنه بينما كانت بريطانيا، وهي الحليف الاستراتيجي لأمريكا، تقبل معاهدة إنشاء محكمة الجنايات الدولية؛ كان الكونجرس الأمريكي يبحث طلب مشروع قانون مقدم من السيناتور جيسي هيلمز، يطالب بأن يكون لأمريكا الحق في التدخل العسكري ضد المحكمة (!) لتحرير أي جنود أمريكيين تحاكمهم المحكمة، وكان النص المقترح هو أن تُخوّل الحكومة الأمريكية «باتخاذ أي إجراء لتحرير جنود أمريكيين تم تسليمهم بطريقة غير لائقة إلى محكمة الجنايات الدولية»[٣٦]، وكان هذا النص مثار تهكُّم وفود الدول الأخرى المشاركة في المحكمة، والتي أطلقت عليه «مادة غزو اتفاقية لاهاي»[٣٧].

ويعتقد بعض الأمريكيين من أنصار الاستثنائية الأمريكية أن «الولايات المتحدة ليست مضطرة في أدائها إلى مراعاة القواعد التي يراعيها الجميع؛ لأنه ليس هناك مَنْ يستطيع إرغامها على ذلك، وعلاوة على ذلك فإن أمريكا لديها مجموعة خاصة بها من قواعد أخرى أهم من تلك القواعد»[٣٨].

الشعور الأمريكي بأن أمريكا والفرد الأمريكي استثناء بشري، هو شعور طاغ، لدرجة أن هناك مصطلح يستخدم سياسياً واجتماعياً للتعبير عنه، وهو «الاستثناء الأمريكي» أو American Exceptionalism، وله تعريفات معتمدة ويجري الحديث عنها وكأنها أمر مقرر أحياناً، وخصوصاً بين المتطرفين والغلاة من الأمريكيين.

ويجري نقاش هذا المصطلح، أو هذه الصفة على مسارين متوازيين، وهما: ١. هل هذه الصفة «الاستثنائية» مؤقتة بسبب حداثة تكون أمريكا، وأن المستقبل سيشهد انضمام المزاج الأمريكي العام لبقية دول العالم الغربي مثلاً، ٢. هل هذه الاستثنائية «إيجابية» بالمجمل أم «سلبية» بالمجمل أم مزيج بين الأمرين.

---

٣٥ «الإمبراطورية الأمريكية»، سمير مرقس، مكتبة الشروق الدولية، ٢٠٠٣م.

36 "The Paradox of American Power: Why the World's Only Superpower Can't Go It Alone", by Joseph S. Nye Jr, Oxford University Press, Inc. 2002, pp.

٣٧ «بريطانيا تصادق على معاهدة إيجاد محكمة الجنايات»، وكالة آسوشيتيدبرس، إنترناشيونال هيرالد تريبيون، ٥، أكتوبر ٢٠٠١م.

٣٨ «السياديون الجدد»، سبيرو، ص.١٤ .

أما المسار الأول، فالخلاف فيه حول مستقبل أمريكا، ومستقبل الشخصية الأمريكية. هناك من يرى أن أمريكا لا تختلف عن أي كيان جديد نشأ في العالم، وأنه ليس هناك ما يمكن أن يسمى الاستثناء الأمريكي، إلا لو نظرنا إليه على أنه حالة مؤقتة بسبب حداثة تكون الدولة. وهناك من يرى عكس ذلك، ومنطقهم أن أمريكا بسبب تكوينها الجغرافي والسياسي والفكري، وحتى الديني، تمثل حالة فريدة مختلفة عن بقية دول العالم، وقد تعتبر فعلا «استثناء» دائم. ليس هدف هذا الكتاب أن يبحث هذا الأمر، وإنما أن يشير إلى رسوخ فكرة الاستثنائية كأحد سمات الشخصية الأمريكية.

أحد الملصقات الأمريكية التي انتشرت مؤخراً لتشير إلى الجانب «السلبي» في الاستثنائية

وأما بالنسبة للمسار الثاني، فقد ظهر مؤخراً في الأروقة الفكرية تطور في التعامل مع هذا المصطلح الذي كان يشير في الغالب إلى المعنى الإيجابي للاستثناء، أو أن أمريكيا استثناء «إيجابياً» في حضارات العالم وتقدمه. التغير الحادث في التعامل مع المصطلح يشير إلى الاستثنائية «السلبية» أيضاً. بمعنى أن الولايات المتحدة قد تكون استثناء سلبياً أو شيطانياً، كما يحلو للبعض أن يشير إليه. هذا لاستثناء السلبي يظهر – كما يرى أنصار الفكرة – في الطمع والجشع وعدم احترام الشعوب، ونهب ثرواتها، وانهيار القيم الأخلاقية وغير ذلك.

المحبون لأمريكا، والمنتقدون لها يتفقون بشكل ما على قبول فكرة أن الحياة الأمريكية «استثناء» وأن هذه الاستثنائية هي أحد مقومات الشخصية الأمريكية منذ بداية تكونها وحتى الآن.

٣- النفعية والبراجماتية

العقل الجمعي الأمريكي يُقدِّم المنفعة الشخصية على ما دونها من قيم وأخلاق، ويضع المصلحة الذاتية فوق كل معيار أخلاقي أو ديني أو سياسي. وقد بدأت أمريكا تاريخها في العالم من منطلق النفعية الذاتية بكل صورها.

بدأ الأمريكي رحلته في العالم الجديد بفكرة أن كل وسيلة تصل به إلى غايته فهي له ومن حقه أن يستخدمها، وشمل ذلك سرقة الأطفال وبيعهم في سوق الرقيق، واتخاذهم عمالاً أو قُلْ عبيداً، وقتل أهل البلد الأصليين وسلخ جلودهم.

كان البديل لذلك في نظر الأمريكي هو الخسارة التامة والموت لمشروعاته وله، وهذا هو عين الشر؛ إذاً فالخير كل الخير فيما يستخدمه وصولاً إلى أهدافه وغاياته. زينت لهم أطماعهم كل الوسائل إلا أن تكون خطراً يتهدد حياتهم ومشروعاتهم.

> الفكر النفعي الأمريكي ليس مجرد البحث عن المصالح.. ولكنه عمل فكري متكامل له رموزه الفكرية التي وضعت معالم النظرية البراجماتية، وجعلت منها تصوراً موازياً لدور الأديان في المجتمع

مارس الأمريكي الأول حياة اجتماعية شرطها وأساسها أن يكون الوافد إلى القارة مجهزاً بهذه العدة؛ إضافة إلى ثقافة تتسم بالمرونة وقابلية التعديل والتسامح. تهاوت في العالم الجديد قيمة الأنساب والأحساب؛ إلا أن تكون القيمة كل القيمة في عمل يجعل المرء يتيه بنفسه متحملاً تبعاته نجاحاً أو إخفاقاً[٣٩].

إن الفكر النفعي الأمريكي ليس مجرد البحث عن المصالح.. ولكنه عمل فكري متكامل له رموزه الفكرية التي وضعت معالم النظرية البراجماتية، وجعلت منها تصوراً موازياً لدور الأديان في المجتمع. ولذلك فمن السطحية أن تبسط البراجماتية الأمريكية إلى مشروع نفعي فقط، إنها - وهو الأهم - رؤية متكاملة بديلة للأديان السماوية فيما يتعلق بالعلاقة بين الإنسان والإله، وبين الإنسان والإنسان، وبين الإنسان والطبيعة.

---

٣٩ «العقل الأمريكي يفكر: من الحرية الفردية إلى مسخ الكائنات»، شوقي جلال، مشروع الكتاب الإلكتروني، المركز الدولي لدراسات أمريكا والغرب، ١٩٩٦م.

البراجماتية في نظر أصحابها هي تفسير لنظرية المعاني، فمعنى أي فكرة هي مجموع نتائجها.. إنها نتاج العمل بالفكرة في كل الظروف الممكنة، وبدون العمل فإن الأفكار لا معنى لها، ولذلك فبقدر ما تعيد النظرية البراجماتية تصوير العلاقة مع الكون؛ فإنها أيضاً تحث على العمل الدائب، وتقدِّر العاملين، وتقدِّر أصحاب الأفكار والابتكارات(٤٠).

وللنظرية البراجماتية أثر بارز في حياة الكثير من السياسيين ورجال الدين في أمريكا، فعندما بدأ السود في أمريكا حركتهم المدنية للتحرر من ظلم الرجل الأبيض؛ قام رجل دين عُرف في العالم بأنه داعية للعصيان المدني دون حمل السلاح، وهو مارتن لوثر كينج. وقد تأثر كينج بأحد رموز الفكر البراجماتي الأمريكي أكثر من تأثره بالدين البروتستانتي؛ كما يذكر فرانك بورسيل في بحثه عن البراجماتية.

لقد كان مارتن لوثر كينج تلميذاً مثابراً لهوارد ثورمان الذي كان صديقاً لوالد كينج، ومن المعروف أن هوارد ثورمان كان التلميذ الأول لرائد الفكر البراجماتي الأمريكي تشارلز بيريس. وكان مارتن لوثر يحتفظ في حقيبة يده طوال الوقت بنسخة من كتاب هوارد ثورمان عن النظرية البراجماتية وعلاقتها بالدين(٤١).

وأصبحت السياسة الأمريكية أيضاً صدى لهذه الشخصية الأمريكية التي تُقدِّم مصالحها على كل أحداث العالم ومصالح الدول الأخرى. كتب جورج كينان الذي كان يشغل منصب رئاسة إدارة الدولة للتخطيط عام ١٩٤٨ م: «نحن نملك ٥٠٪ من ثروات العالم، ولكننا لا نشكِّل أكثر من ٦,٣٪ من سكان الأرض، وفي مثل

السياسة في نظر الشعب الأمريكي لم تكن معركة بين الخير والشر قطُّ، بل هي صراع مصالح، والمصالح متغيرة، ولذا فإن السياسة شأنها شأن التجارة والأعمال؛ لا تلتزم بمبادئ ثابتة وكأنها نجوم هادية؛ بل تلتزم بالمصلحة، ويكون نهجها عملياً؛ أي النهج المثمر المحقق للمصلحة.

هذا الوضع يبدو أنه لا مناص من أن نكون موضع غيرة وحسد الآخرين. وسيكون جهدنا الأساسي في الحقبة المقبلة، تطوير نظام من العلاقات يسمح لنا بالاحتفاظ بهذا الوضع المتسم بعدم المساواة، دون أن نعرض أمننا القومي للخطر.

ويجب علينا لتحقيق ذلك أن نتخلص من العاطفة تماماً، وأن نتوقف عن أحلام اليقظة، يجب أن يتركز انتباهنا في كل مكان على أهدافنا الوطنية الراهنة، علينا ألا نخدع أنفسنا، ولا نستطيع أن نسمح لأنفسنا اليوم بالغوص في ترف التفكير بالإيثار وعمل الخير على مستوى العالم.

---

40 "Pragmatic Idealism", Frank Palmer Purcell, www.onlinehome.us, 2004.

41 "Pragmatic Idealism", Frank Palmer Purcell, www.onlinehome.us, 2004.

علينا التوقف عن الحديث عن مواضيع غامضة، أو غير ممكنة التحقيق، تتعلق بالشرق الأقصى؛ مثل حقوق الإنسان، أو تحسين مستوى المعيشة، أو إحلال النظام الديمقراطي. ولن يكون بعيداً اليوم الذي سنجد فيه أنفسنا مضطرين للتحرك بصراحة من خلال علاقات القوة. وبقدر ما يكون ارتباكنا بسبب الشعارات المثالية أقل؛ بقدر ما يكون ذلك أفضل»[٤٢].

إن هذه الثقافة النفعية تنظر إلى آلام العالم بمنطق المنفعة الخاصة دون أي تقدير حقيقي لمشكلات البشر، ولذلك نُقل عن وزير الخارجية دين اتشيسون، وعدد من أعضاء مجلس الشيوخ عام ١٩٥٠م؛ موقفهم أنه لو أُعلنت المجاعة في القارة الصينية؛ فسيكون على الولايات المتحدة «أن تقدم مساعدات غذائية قليلة بالقدر الذي لا تخفف فيه من حدة المجاعة؛ وإنما تكفي فقط لتسجيل نقطة في سجل الحرب النفسية ضد الصين».

لم تكن السياسة في نظر الشعب الأمريكي معركة بين الخير والشر قطُّ، بل هي صراع مصالح، والمصالح متغيرة، ولذا فإن السياسة شأنها شأن التجارة والأعمال؛ لا تلتزم بمبادئ ثابتة وكأنها نجوم هادية؛ بل تلتزم بالمصلحة، ويكون نهجها عملياً؛ أي النهج المثمر المحقق للمصلحة.

ومن أعجب ما كُتب بصراحة تصل إلى درجة الوقاحة في الحديث عن النفعية السياسية الأمريكية؛ ما ذكره جورج كينان في تقريره لمجلس الأمن القومي، ونصه: «كانت حماية مواردنا الطبيعية أساسية منذ أن هددت القبائل الهندية مصالحنا. كان علينا أن نفهم أن الرد المهذب يمكن أن يعود علينا بمردود غير مرغوب فيه. إن الإجراءات التعسفية وقمع أجهزة الشرطة في الحكومات الصديقة لا يمكن أن يحركنا أو يؤثر في مشاعرنا؛ لأن النتائج قد خدمت أهدافنا بطريقة عامة. إن التهديد الأكبر للمصالح الأمريكية يأتي من الأنظمة القومية التي هي على اتصال مع نبض شارعها، وتصبو كذلك إلى تنويع موارد الاقتصاد، تلك المطالب تتصادم - ليس فقط مع ضرورة حماية «مواردنا» - ولكن أيضاً مع اهتمامنا بتوفير مناخ يتوافق مع طبيعة الاستثمار الخاص، ويؤمّن الاستفادة المعقولة من الربح لرؤوس الأموال الأجنبية»[٤٣]. وعبَّر عن هذا الفكر النفعي مؤخراً الرئيس الأمريكي جورج بوش حينما قال: «يجب ألا نتدخل في كل حالات العنف الإجرامي... إن أيديولوجيات الأمة يجب ألا تتعارض مع مصالحها».

الثقافة النفعية تنظر إلى آلام العالم بمنطق المنفعة الخاصة دون أي تقدير حقيقي لمشكلات البشر

حتى في الحياة العامة للإنسان الأمريكي؛ اهتم الإعلام والفن بترسيخ مفهومات النفعية والبراجماتية في الحياة الأمريكية وكأنها هي الأصل في الحياة، وهي الخلق القويم والوحيد والصحيح أيضاً. ويكتب عن هذه

---

٤٢ «دراسات في التخطيط السياسي»، المذكرة السياسية للأمن القومي NSC ٦٨، PPS، فبراير ١٩٤٨م.

٤٣ مذكرة مجلس الأمن القومي، ١٨ أغسطس ١٩٥٤م، نقلا عن كتاب «أمريكا طليعة الانحطاط»، روجيه جارودي، دار الشروق، ٢٠٠٢م.

النقطة شوقي جلال في كتابه عن العقل الأمريكي قائلاً: «بدأت الرواية على أيدي أصحاب المدرسة الجديدة تهدف إلى خدمة الحياة الأمريكية التي هي حياة رجال المال والصناعة. وقال النقاد إن الرواية لا بد وأن تلائم نفسها مع وقائع الحياة الأمريكية التي تُعنى بالتكالب على المال، وأن يكون وول ستريت، أو حي المال، هو قبلتها.

وأصبح البطل، أو المثل الأعلى في هذه الأعمال الروائية، هو رجل الأعمال الذي يصارع الحياة وينتصر عليها، المؤمن بإرادة القوة، وأخلاقيات التسلق على أكتاف الآخرين لكسب المال والمجد والشهرة. الغاية عنده تبرر الوسيلة؛ أي أنه يحطم كل القيود التي تعوق حريته الفردية. البطل له كل الحق، وهو في ذلك على صواب، ويعمل لخيره، وهذا حقه في أن يلجأ إلى أي وسيلة تحقق له مآربه. القانون سلاح الأقوياء دون الضعفاء؛ أي يعبِّر عن رأيهم ونظرتهم وهم صانعوه، ومن ثَمَّ يستخدمونه لصالحهم. والنجاح هو المعيار- وبدت هذه النظرة في الأدب وكأنها فلسفة مجنونة لعالم مجنون».

حتى الرواية الأمريكية لا تسلم من فكرة النفعية بل تؤرخ وترسخ لها، وتقدمها دائماً بشكل إيجابي محبب إلى النفوس!

حتى الدين لا يسلم من الفكر النفعي الأمريكي في العمل السياسي، ففي أحدث الكتب التي تقوّيم المواقف الأخلاقية للرئيس الأمريكي جورج دبليو بوش، وهو كتاب (رئيس الخير والشر)، يكرس المؤلف بيتر سنجر جهده كله لانتقاد النظرة الأخلاقية للرئيس بوش، وإجراء تقويم أخلاقي دقيق لها. وضمن ما يأخذه سنجر على بوش، من وجهة النظر الدينية، أن بعض المفهومات التي استخدمها بوش في بنية خطابه السياسي؛ تبدو ذات إحالات دينية مسيحية مباشرة، لكن لدى تحليلها والنظر إليها ملياً من وجهة نظر الدين نفسه؛ لا نجد أنها تستند على أي أساس يدعمها في الإنجيل أو الكتاب المقدس[٤٤].

---

٤٤ «ما وراء الكلمات، الرئيس بوش ومعضلة التناقضات الأخلاقية»، بيتر سنجر، فهرس المقالات المترجمة، موقع المركز الدولي لدراسات أمريكا والغرب، www.icaws.org، مقال رقم ١١١، ١٧ مايو ٢٠٠٤م.

٤ - التناقض

هناك تناقض مزمن في الشخصية الأمريكية، وقد ركَّز عليه الكاتب الفرنسي توكفيل في نقده لنموذج الديمقراطية لها. بدأت أمريكا بخليط عجيب من البشر، «جاؤوا من مشارب شتى، حفزتهم دوافع متباينة، لا تجمعهم رابطة غير رابطة التناقض أو التنافس، أو قُلْ وحدة المتناقضات - إن جاز التعبير - وهو واقع؛ إذ الكل تدفعه المصلحة إلى المغامرة وركوب المخاطر وتحدي المجهول، وأرض الميعاد، ومساحة شاسعة لم تضق بعد بأطماع الوافدين؛ وإن اغتالت هدوء أهل البلاد وأذلَّتهم بضعفهم. الكل يريد أن يفوز بالغُنْم الأكبر دون سواه، أو قبله، أو على جثته إن ضاقت به السبل. تراكمات بشرية متوالية صنعت مجتمعاً بغير تاريخ»(٤٥).

فالشخصية الأمريكية تجمع بين الليبرالية الاقتصادية المتميزة بوتيرة تصنيع عالية، والليبرالية السياسية الخاضعة لعملية تشكُّل أمة بهذا المزيج العجيب؛ مع ذاك الستار المخملي البروتستانتي الضروري للتذكير بالروح - كلما انحسرت آثارها - بجملة «بالله نؤمن» المتربعة على الورقة الخضراء، كل هذه العوامل قد أصّلت لفكرة تفوق النموذج الأمريكي، واقتناع أهله بأن العالم سيضطر بالضرورة لأن يجعل منه قدوة(٤٦).

وكما وصفها سيرجيو ليون؛ فإن أمريكا كانت دائماً طيّبة وسيّئة وقبيحة.. مثالية منافقة وواقعية في الوقت نفسه، فهي خليط من المتناقضات تحيا معاً في نفس واحدة ومجتمع واحد. ويتحدث عنها أوجيني روستو واصفاً ذلك بقوله: «نحن ننجذب إلى المبادئ المتعارضة بحماسة متساوية، ونتمسك بها بعناد متساو، هل يجب أن تُؤسَّس سياستنا الخارجية على القوة أم الأخلاق.. الواقعية أم المثالية .. البراجماتية أم المبادئ؟ وهل ينبغي أن يكون هدفها هو حماية المصالح أم تشجيع القيم؟ وهل يجب أن نكون قوميين أم عالميين.. ليبراليين أم محافظين؟ ونجيب بخليط من الفرح والسذاجة: كل ما سبق ذكره»(٤٧).

لقد نشأت أمريكا على الجمع بين المتناقضات. قامت على حق الفرد في مقاومة الدولة من ناحية، ورغبة الأفراد في الاجتماع حول القيم المشتركة بل الغلو أحياناً في تطبيق ذلك من ناحية أخرى. وكان للتجاذب بين هاتين

---

٤٥ «العقل الأمريكي يفكر: من الحرية الفردية إلى مسخ الكائنات»، شوقي جلال، المركز الدولي لدراسات أمريكا والغرب، ١٩٩٦م.

٤٦ «مترتبات السياسة الأمريكية في حقوق الإنسان على الأوضاع العربية»، د. هيثم مناع، محاضرة في الجمعية البحرينية لحقوق الإنسان في ١٤/ ١٢/ ٢٠٠٢م، ضمن احتفاليات اليوم العالمي لحقوق الإنسان، دورية مقاربات، مركز دمشق للدراسات.

47 "A breakfast for Bonaparte: US National Security Interests from the Heights of Abraham to the Nuclear Age", Eugene Rostow, D.C. National (Washington, Defense University Press, 1993), p.22.

الرؤيتين المختلفتين أثر كبير في صياغة الشخصية الأمريكية منذ بدء تكوُّن الدولة، فعلى رغم أن المستوطنين الذين كوَّنوا المستعمرة الأمريكية الأولى في خليج ماساشوستس؛ قدموا إلى أمريكا فراراً من التضييق الديني في إنجلترا؛ فإنهم أقاموا مجتمعاً منغلقاً، بل يُعَدُّ واحداً من أشد المجتمعات انغلاقاً في تاريخ البشرية[٤٨].

وتُظهر السياسة الأمريكية تناقض الشخصية الأمريكية، ومحاولة الجمع بين المتناقضات في الحياة.كيف يمكن تفسير حيازة الأسلحة النووية، ثم العمل على الحد منها حتى في أمريكا! كيف توصف بأنها أمة تؤمن بالتنوّع، ثم تسعى إلى فرض قيمها على العالم! كيف توصف بأنها أمة تسعى إلى قيادة العالم، ولكنها تظهر وكأنها غير مكترثة بالعالم، وتأمل أن يبتعد عنه هذا العالم الذي تريد أن تقوده! كيف يمكن الجمع بين فخر الأمريكي بمثاليته وإصراره على نفعيته! لا يجتمع ذلك إلا في الشخصية الأمريكية التي تتصارع داخلها المتناقضات.

وفي كتاب (رئيس الخير والشر) لمؤلفه بيتر سنجر؛ بيَّن المؤلف أهم جوانب التناقض في سلوك الرئيس؛ على الرغم من كثرة حديثه عن الشر والخير، والخطأ والصواب. من بين ذلك مثلاً؛ سلط المؤلف الضوء على المغزى الأخلاقي لحماس الرئيس بوش لعقوبة الإعدام، وكذلك عدم إبداء ما ينم عن لون ما من ألوان عذاب الضمير؛ تجاه المشاهد الدرامية المروِّعة لسقوط عدد كبير من الضحايا المدنيين؛ خلال الحروب التي شنّها على كل من أفغانستان والعراق، ولكنه يدافع بشدة وحماس عن حقوق الجنين، وعدم جواز إنتاج الأجنة للاستفادة منها في التجارب المعملية، فهو من ناحية مسؤول عن قتل عشرات الآلاف من البشر وتشريدهم، ومئات من الجنود الأمريكيين، ولكنه في الوقت نفسه يدافع بحماس عن حقوق الأجنة التي لم تولد!

ويلخص الكاتب تقويمه قائلاً: «إن نظرة الرئيس بوش في كل هذه القضايا تعاني افتقاراً حاداً إلى الوضوح والتماسك النظريين، وأنها تبدو مشوشة ومرتبكة جداً، بل ومتناقضة مع نفسها كمفاهيم مجردة؛ إضافة إلى تناقضها مع الممارسة الأخلاقية لإدارته نفسها»[٤٩]. لقد أعطى نيل فيرغسون لكتابه المثير (الصرح الهائل) عنواناً فرعياً هو «ثمن الإمبراطورية الأمريكية»، فأمريكا تمتلك كل القوة، لكن شعبها غير قادر على تحمل خسائر جدّية على الأرض في الحروب الخارجية، والأهم أنها لا تستطيع التوفيق بين ادعاءاتها الثقافية بأنها منارة للأمم وحاملة لمشعل الديمقراطية وحقوق الإنسان، فصورة تلك المجندة الأمريكية التي تجرجر سجيناً عراقياً عارياً بحبل لسحب الكلاب؛ هي صورة كفيلة بنبش محتويات صرّة الحلم الوولفوفيتزي - نسبة إلى مساعد وزير الدفاع الأمريكي وولفوفيتز - بتحويل العراق والشرق الأوسط كلّه إلى شيء مثل ولاية كنساس[٥٠]!

---

48 "Agree to Disagree", Thomas Hayden, US News and World Report, 26 April, 2004.

٤٩ «ما وراء الكلمات، الرئيس بوش ومعضلة التناقضات الأخلاقية»، بيتر سنجر، فهرس المقالات المترجمة، موقع المركز الدولي لدراسات أمريكا والغرب، www.icaws.org، مقال رقم ١١١، ١٧ مايو ٢٠٠٤م.

٥٠ «بانوراما انحطاط الحرب»، بول كينيدي، فهرس المقالات المترجمة، موقع المركز الدولي لدراسات أمريكا والغرب، www.icaws.org، مقال رقم ٧٣، ٤ يناير ٢٠٠٤م.

٥- معضلة الحرية

بدأت الولايات المتحدة ثورتها من أجل الاستقلال حاملة لواء الحرية الفردية، وإن أخفت أو تغافلت عن تاريخها السابق مع أبناء البلاد الأصليين ومع السود، وأصبحت الحرية الفردية شعاراً تُعرف به أمريكا، وتدَّعي أنها تنشده للعالم أجمع.

والحرية الأمريكية معضلة تاريخية كبيرة، بعض الناس يشعر أن المجتمع الأمريكي يتمتع بمساحات من الحرية لا يتمتع بها شعب آخر من العالم، وفي المقابل يعتقد بعض آخر أن الحرية الأمريكية وَهْم كبير، وأن الشعب الأمريكي قد تمت إعادة تشكيل عقله إلى الدرجة التي جعلته وهو حر غير مقيد يختار دائماً ما أراد له السادة أن يختاره، ومن ثَمَّ فهو قد فقد الحرية قبل أن يمارسها.. أو قُلْ وهو يمارسها؛ لأن عقله قد تم تدريبه وصياغته لكي يختار وفق رغبات السادة وليس رغبات الإنسان، وهي فكرة يصعب تصديقها، ولكن شواهدها في الواقع الأمريكي أكثر من أن تُغفل أيضاً.

كتب السياسي الفرنسي المعروف أليكس توكفيل، وهو صاحب أهم الكتب عن الشخصية الأمريكية في القرن الماضي، ملاحظته عن الشعب الأمريكي، فقال: «أنا لا أعرف بلداً يعاني من النقص الشديد في الاستقلالية الفكرية والحرية الحقيقية في النقاش؛ أكثر من أمريكا»[51].

> الحرية الأمريكية معضلة تاريخية كبيرة، بعض الناس يشعر أن المجتمع الأمريكي يتمتع بمساحات من الحرية لا يتمتع بها شعب آخر من العالم، وفي المقابل يعتقد بعض آخر أن الحرية الأمريكية وَهْم كبير

وفي مقال كتبه أحد أبرز علماء الاجتماع الأمريكيين في أول القرن الماضي، وهو تشارلز ساندرز بيريس (١٨٣٩م - ١٩١٤م)، بعنوان: «تثبيت الاعتقاد»، ونشره في مجلة The Popular Science Monthly عام ١٨٧٨م، يقول فيه: «إذا كانت المعرفة حسب النظرة البراجماتية مستحيلة؛ إذاً كيف للإنسان أن يعمل؟ إن الإنسان يريد أن يعيش، وله هدف يسعى إليه، فكيف الوصول إلى هذا الهدف؟ وما هي الوسائل المؤدية إلى الغاية

---

51 Agree to Disagree", Thomas Hayden, US News and World Report, 26 April, 2004.

المنشودة؟ سبيله الوحيد والأوحد إلى ذلك أن يعمل بناءً على اعتقاد، وكيف نمنع الناس من الاعتقاد فيما هو خطأ؟ إن معتقداتنا تهدي رغباتنا وتصوغ أفعالنا. إن الاعتقاد عادة يحدد الفعل، إنه عادة العمل وفق أسلوب محدد، وجوهر الاعتقاد هو تكوين عادة، والاعتقاد هو الصدق أو الحق؛ والحق هو الاعتقاد أو ما نعتقد أنه الحق».

ويصف بيريس منهج السلطة في تكوين الاعتقادات الملائمة لها، وهو من أهم ما كُتب عن دور السلطة في التحكم في معتقدات الأفراد عن طريق الإعلام والعبث بالرأي العام، ثم ترك الأشخاص يختارون بحرية مزيفة، فيقول: «لندع إرادة الدولة تعمل بدلاً من إرادة الفرد، ولننشئ مؤسسة هدفها أن تضع نصب أعين الناس مذاهب صحيحة، تجعلهم يرددونها ويكررونها دائماً وأبداً ودون انقطاع، وتلقنها للصغار، وأن تكون لها في ذات الوقت القدرة على حظر تعليم أي مبادئ معارضة أو التعبير عنها أو الدعوة إليها.

> **يمكن لحكومة ما أن تحول دون لجوء المواطنين إلى الردة والنفور، وذلك بجعل الحياة أكثر إمتاعاً، بتوفير الغذاء ووسائل الترويح، وتشجيع الألعاب والقمار، واستعمال المشروبات الكحولية والعقاقير المخدِّرة والمُسَكِّنة، ومختلف أنواع السلوك الجنسي؛ بحيث تكون آثار ذلك جعل الناس في متناول يد السلطة، وغير بعيدين عن عقابها وردعها لهم**
>
> بورهوس فريدريك سكينر

لنعمل على محو كل الأسباب التي يمكن أن تُحدث تغييراً في أذهان الناس؛ لنُبقي عليهم جهلاء؛ حتى لا يتعلموا لسبب ما التفكير في شيء آخر غير ما اعتادوا عليه، ولنعبئ عواطفهم على نحو يجعلهم ينظرون في كراهية وفزع إلى الآراء الخاصة وغير المألوفة.

لنجعل كل أولئك الذين ينبذون الاعتقاد الرسمي يلزمون جانب الصمت في هلع، ولندفع بالناس لكي يمزقوا هؤلاء، أو لنجري تحريات وتحقيقات عن طريقة تفكير المشتبه فيهم، وإذا تبين أنهم مذنبون وآمنوا بمعتقدات محظورة؛ فلنوقع عليهم عقوبة ما. وإذا لم نحقق توافقاً كاملاً في الآراء بهذه الطريقة؛ فلنبدأ مذبحة لكل مَنْ لم يفكر على النحو الذي ثبتت فعاليته لحسم الآراء في البلاد».

أما بورهوس فريدريك سكينر، الأستاذ بجامعة هارفارد، ومؤلف العديد من الكتب في علم النفس والتربية والفكر الفلسفي؛ فقد أكد الفكرة نفسها بطريقة روائية حازت إعجاب الملايين، فهو مَنْ يقال عنه إنه أول عالم بزَّ نجوم السينما شهرة، واقترن اسمه بمنهج تربية الأطفال وتعليمهم، وهو أيضاً مؤلف رواية اجتماعية فلسفية حازت شهرة عالمية تحمل اسم «ڤالدن ٢» Walden 2؛ إذ بيع منها أكثر من مليون نسخة بعد طبعتها الأولى عام ١٩٤٨م.

يقول سكينر: «يمكن لحكومة ما أن تحول دون لجوء المواطنين إلى الردة والنفور، وذلك بجعل الحياة أكثر إمتاعاً، بتوفير الغذاء ووسائل الترويح، وتشجيع الألعاب والقمار، واستعمال المشروبات الكحولية والعقاقير المخدِّرة والمُسَكِّنة، ومختلف أنواع السلوك الجنسي؛ بحيث تكون آثار ذلك جعل الناس في متناول يد السلطة، وغير بعيدين عن عقابها وردعها لهم»[٥٢].

تصف رواية «ڤالدن ٢» مدينة فاضلة، أو مجتمعاً خيالياً، حقق أبناؤه الاتساق والرفاهية والسعادة، وسبب ذلك تحديداً: أنهم نبذوا الحرية والكرامة والاستقلال، وأمكن إصلاح كل اعوجاج في السلوك البشري مقدماً عن طريق وسائل تربوية تكنولوجية متقدمة، وتكوين عادات جديدة لهم؛ بحيث أصبح الجميع يسلكون على نحو ما هو مرسوم لهم في دستور المجتمع.

ويكشف فريزيار مؤسس وزعيم المجتمع الخيالي في «ڤالدن ٢»، ولعله سكينر، عن أسراره السيكولوجية التي ساعدته على الترويض وفرض الطاعة غير المشروطة على رعيته وأبناء مجتمعه، يقول البطل: «غالبية الناس في «ڤالدن ٢» لا يساهمون بدور إيجابي في إدارة الحكم. إننا نلتزم نظاماً للسيطرة؛ بحيث إن المسيطَر عليهم يشعرون بأنهم أحرار على الرغم من أنهم يخضعون لقانون أشد صرامة من النظم القديمة؛ إذ يتم ذلك عن طريق تصميم دقيق وحذر للثقافة، تتحكم في النوازع السلوكية وليس في السلوك النهائي... أي تتحكم في الحوافز والرغبات والأماني، وهنا تصبح مسألة الحرية غير ذات موضوع».

إن الحرية الأمريكية لم يكفلها الدستور حقيقة لأحد، وإنما قدَّمت القوانين الأمريكية للشعب الأمريكي إطارات وعلامات طريق الحرية. أمريكا لا تضمن لك أن تكون حراً داخلها، ولكنها تعطيك دليلاً وافياً عن طريق الحرية، ولك أن تنتزعها بيديك إن أردتها من بين أنياب مجتمع لا يرحم الضعفاء ولا المتكاسلين، هكذا بدأت أمريكا.. وهكذا هي اليوم داخلياً وخارجياً أيضاً.

إن معضلة الحرية الأمريكية هي أن الأمريكي حر ومقيد في آن واحد؛ حر أن يفعل ما يشاء خاصة في أمور الترفيه والملذات الشخصية ومتع الحياة، ولكنه مقيد في الحياة العامة من خلال آلة إعلامية مُسيّرة من قِبَل صنّاع القرار الحقيقيين الذين يوجهون الإنسان دائماً في أمريكا نحو خيارات لا تعبِّر بالضرورة إلا عن رغباتهم، وذلك من خلال سياسات إعلامية وفكرية دقيقة ومقننة ومنظمة، تم تحسينها وإتقانها عبر عشرات السنين من العمل الإعلامي الدؤوب.

وعن مشروع تمرير نمط الحياة الأمريكية على الشعوب لتختاره طواعية، وكأنها حرة في ذلك، يقول هنري كيسنجر: «إن التحدي الأساسي لأمريكا هو تحويل قوتها إلى إجماع أخلاقي، ونشر قيمها لا عن طريق فرضها؛ وإنما بجعلها مقبولة في عالم هو في أمسّ الحاجة إلى قيادة مستنيرة»[٥٣].

---

٥٢ «العقل الأمريكي يفكر: من الحرية الفردية إلى مسخ الكائنات»، شوقي جلال، مشروع الكتاب الإلكتروني، المركز الدولي لدراسات أمريكا والغرب، ١٩٩٦م.

٥٣ «هل تحتاج أمريكا إلى سياسة خارجية؟.. نحو دبلوماسية للقرن الحادي والعشرين»، هنري كيسنجر، دار الكتاب، ٢٠٠١م.

والآلة التي تُستخدم لتحقيق هذا المشروع إضافة إلى الردع العسكري؛ هي المؤسسة الإعلامية الأمريكية، فاليوم يتحكم الإعلام الأمريكي في ٨٠٪ من الصور المبثوثة في العالم، و٩٠٪ من السوق العالمية للصور المتلفزة والفيديو. وكالة أنباء صحفية واحدة، وهي وكالة أنباء الأسوشيتدبرس، تزود أكثر من ١٦٠٠ صحيفة و٥٩٠٠ محطة تلفاز وراديو في العالم بالأخبار والصور، ٩٠٪ من مواقع الشبكة العالمية الإنترنت هي مواقع أمريكية، ولذلك فالإعلام يؤدي دوراً كبيراً في تمرير المشروع الأمريكي، وتقديم المسوِّغات الأمريكية للسيطرة على ثروات العالم. والأمل في نظر أصحاب مشروع الهيمنة أن يتمتع كل فرد في العالم بالحرية الأمريكية.. حرية الوقوع في الرذيلة من ناحية، وحرية اختيار ما أراده السادة طواعية بعد أن يتم إعادة تشكيل الهوية والاهتمامات والأولويات وفق المشروع الأمريكي.

> **الحرية الأمريكية تحولت إلى غطاء مقنّع للسيطرة على الإنسان؛ من خلال تغيير الاهتمامات، وإعادة تشكيل الهويات**

لقد نشر عالم الاتصال الأمريكي بول بوستمان في كتابه (الإعلام الأمريكي.. تسلية حتى الموت) مقارنة بين رؤيتين لمستقبل الحرية في أمريكا، الأولى كانت رؤية جورج أورويل في كتابه (١٩٨٤م)، وفيها يتوقع أورويل سيطرة السلطة على حريات الأفراد. أما الرؤية الأخرى فكانت للكاتب الأمريكي الدوس هكسلي في كتابه (العالم الجديد الشجاع)، ويرى فيها أن أمريكا ستغرق في التفاهة والسطحية.

يقول بوستمان في مقارنته: «إذا لم يكن كابوس أورويل قد تحقق في (١٩٨٤م)؛ فإن نبوءة هكسلي قد تحققت. نعم لم يظهر الرقيب الطاغية من السلطة Big Brother الذي يفرض علينا ما يريد؛ لأننا لم نعد بحاجة إلى من يسلبنا استقلالنا ونضجنا وتاريخنا. لقد عشق الناس — كما تنبأ هكسلي- الكبت، ونجحت التقنية في إلهائهم وإلغاء قدرتهم على التفكير. أورويل كان يخشى ممن يحرموننا من المعلومات، أما هكسلي فقد كان يخشى من أن تغرق الحقيقة نفسها في بحر من الهراء والتفاهات. كان أورويل يخشى أن نتحول إلى حضارة أسيرة، أما هكسلي فقد كان يخشى أن نتحول إلى حضارة تافهة. في قاموس أورويل يكون سلاح السيطرة هو الألم، أما عند هكسلي فإن سلاح السيطرة هو اللذة. في كتاب أورويل سنكره مَنْ يدمرنا، أما عند هكسلي فإننا سنحبه».

الحرية الأمريكية تحولت إلى غطاء مقنّع للسيطرة على الإنسان؛ من خلال تغيير الاهتمامات، وإعادة تشكيل الهويات. وبعد ذلك يمكن أن يُترك للجماهير حرية الاختيار، فمهما تنوعت هذه الخيارات فهي في النهاية ستعبِّر عن رغبات السادة، فقد تم تغيير نمط التفكير ليوافق ما يريدون.

٦- الرغبة في التوسع

يميل الشعب الأمريكي إلى التوسع الدائم في كل شيء، وقد يظهر هذا وكأنه خُلُق طبيعي بين البشر، إلا أن مَنْ يتعرف الحياة الأمريكية من الداخل يعرف أن الإنسان الأمريكي يعشق التوسع لتوسع نفسه، وليس لما قد يجلبه من راحة أو رفاهية. إن الولايات المتحدة لم تنشأ وطناً، وإنما نشأت موطناً، ولم تبدأ دولة، وإنما بدأت ملجأ؛ أي أن الولايات المتحدة في واقع الأمر بدأت ونشأت كفضاء لكل مَنْ يقدر على عبور المحيط أو يضطر لعبوره وإن تنوعت الأسباب[٥٤].

الفضاء المفتوح لا يقبل بالعوائق، ولا توقُّف لمن عشقوا هذا الاتساع عن الرغبة في توسيع ذلك الفضاء إلى أقصى حد ممكن، وإزالة كل ما يعترض التوسع من معوقات. فالتوسع للأمريكي هو إشعار مستمر له بأنه حر، وأنه لا حدود لطموحاته وتطلعاته ولا نهاية لها، ولم يكن ذلك نتيجة الهيمنة الأمريكية في نهاية القرن العشرين، أو ارتفاع مستوى دخل الفرد الأمريكي مؤخراً؛ وإنما نشأت هذه العقلية منذ بدء تكوين الكيان الأمريكي الذي ارتبط بالتوسُّع منذ لحظاته الأولى.

لقد وصلت الولايات المتحدة اليوم إلى مرحلة الاكتمال من ناحية التوسُّع الجغرافي؛ كما يبين ميشيل جوبير في كتابه (الأمريكيون): «إذ يحد هذه الكتلة البرية حوالي ٢٠,٠٠٠ كم من الأراضي الساحلية، و ١٢,٠٠٠كم من الحدود البرية، بينها ٩,٨٠٠ كم من كندا، و ٣٠٠٠ كم مع المكسيك، هذا ماعدا ملحقاتها: بورتوريكو والجزر العذراء في بحر الإنتيل، منطقة قناة بناما، وجزر الباسيفيك العديدة».

لقد كان الانتشار في العالم سريعاً كما يظهر من الجدول المرفق، وكما يذكر روجيه جارودي في كتابه (أمريكا طليعة الانحطاط)، «فمن جهة العلاقة بالطبيعة؛ لم تأخذ كلمة «الحدود» وعلى مدى قرن كامل، نفس المعنى الجغرافي الذي أخذته في أوروبا. كان الحيز المكاني بالنسبة لهم امتداداً مفتوحاً، وبقي كذلك حتى نهاية القرن التاسع عشر، حيث بلغ التوسُّع مداه بالوصول إلى المحيط الهادئ، عندها فقط أُعلن عن «ترسيم الحدود». كان هذا الفضاء الجغرافي مفتوحاً لكل أنواع السلب، وأشكال الإبادة: إبادة الغابات، وحيوان البيزون (البقر الأمريكي)، وكذلك التنقيب المحموم في مناجم الذهب والفضة»[٥٥].

---

٥٤ «من نيويورك إلى كابول: كلام في السياسة»، محمد حسنين هيكل، دار الشروق، ٢٠٠٣م.

٥٥ «أمريكا طليعة الانحطاط»، روجيه جارودي، دار الشروق، ٢٠٠٢م.

حاول السياسيون منذ بدء تاريخ أمريكا ومغامراتها التوسُّعية؛ ترسيخ مبدأ الحق في التوسُّع عالمياً؛ من خلال المواقف الرسمية المعلنة للإدارات الأمريكية المتعاقبة. ففي تقرير صدر عن مجلس الشيوخ الأمريكي عام ١٨٥٩ م، أي منذ أكثر من ١٥٠ عاماً، جاء ما نصه: «إن قانون وجودنا الوطني هو النمو، ولا نملك حتى لو أردنا أن نعصي هذا القانون.. وبينما لا يجب علينا فعل أي شيء لإثارة ذلك القانون بأسلوب غير طبيعي، يجب علينا أن نكون حريصين ألا نفرض على أنفسنا نظاماً صارماً يمنع تطور قانون النمو الصحي»(٥٦).

فالتوسُّع مزاج نفسي للشخصية الأمريكية، وليس استراتيجية سياسية أو طموح شخصي فقط، التوسُّع للأمريكي هو ثمرة التزامه بالحرية والفردانية معاً، وبدون نمو متواصل لهما؛ فإنه يشعر أن حريته مقيدة، ولذلك فإن وضع حواجز أو قيود أمام التوسع الأمريكي قد يُفسر من قِبَل الشخصية الأمريكية بأنه هجوم على حريتها، ومن ثَمَّ لا تستطيع التسامح مع ذلك.

ولذلك قام ستفين إيه دوجلاس بتذكير مجلس الشيوخ الأمريكي عام ١٨٥٨ م بهذه الحقيقة قائلاً: «إن أمريكا أمَّة شابة ونامية، تعجّ مثل خلية النحل، وكما أن النحل في حاجة إلى الخلايا ليتجمع وينتج العسل؛ أقول لكم: إن التكاثر والتضاعف والتوسع هو قانون وجود هذه الأمة»(٥٧).

إن أمريكا لم تتوقف عن التوسع المكاني حتى أوقفتها الحدود الطبيعية بين المحيطين، وانتقلت بعدها إلى مشروع جديد من التوسع العسكري الذي تصادم مع المعسكر الشرقي، ومع أطماع أوروبا في التوحُّد ومنافسة الهيمنة الأمريكية. وعادت أمريكا لتمارس نوعاً جديداً من التوسُّع الذي يمكن أن يُطلق عليه «التوسع التجاري»، وهو ما يحياه العالم في الأعوام الأخيرة تحت دعاوى التجارة الحرة. لقد بدأ التخطيط للتوسُّع التجاري منذ منتصف القرن التاسع عشر استناداً لمبدأ مونرو ١٨٢٣ م للغزو والتوسُّع غرباً وجنوباً، ومناداته بثالوث الحرية:

– حرية الملاحة البحرية في الأطلسي.

– حرية النفاذ إلى الأسواق الأوروبية لتصريف منتجاتهم.

– وحرية التجارة والتمركز في جميع أنحاء العالم الجديد.

وهو ما أصبح أحد المبادئ المحركة للسياسة الخارجية الأمريكية منذ ذلك الحين.

ويشرح الرئيس الأمريكي ودورد ويلسون هذا المبدأ في أول القرن العشرين قائلاً: «انطلاقاً من حقيقة أن التجارة ليس لها حدود قومية، وانطلاقاً من أن الرجل الصناعي يريد امتلاك العالم من أجل الأسواق؛ فإن على علم بلاده أن يتبعه أينما ذهب، وعلى الأبواب المغلقة للأمم الأخرى أن تُخلع، وعلى وزراء الولايات المتحدة أن يحموا امتيازات أصحاب رؤوس الأموال، حتى لو أدى ذلك إلى انتهاك سيادة الأمم الأخرى المتمردة. يجب إيجاد المستعمرات أو الحصول عليها؛ بحيث   لا نهمل أو نتغاضى عن أصغر زاوية في العالم»!

56 "Manifest Destiny", Weinberg, , pp.194 - 202.

57 "Crises of the House Divided", Harry Jaffa, University of Washington Press, Seattle, 1973, p. 406.

٧- تقديس العمل والاعتماد على الذات

خلَّف المهاجرون العالم القديم وراء ظهورهم، وأقبلوا طامعين في بناء العالم الجديد، وعندما قدموا إلى أمريكا حمل كل وافد فكره وساعده وأطماعه، أدرك الجميع مبكراً أن العمل هو أداة التقدم وعدَّته، وليس لأحد من سبيل في النجاح في العالم الجديد إلا بالاعتماد على الذات للحفاظ على الحياة والحرية.

في عام ١٩٨٢م التقى الرئيس الأمريكي رونالد ريجان الرئيس التنزاني نيريري، وجرى بينهما حوار، كان الرئيس الأمريكي يقول: «إذا كنا جدِّيين وعمليين؛ فلا بد من أن ننجح، هكذا علَّمنا أسلافنا. فأجابه نيريري بلهجة ساخرة: آه.. وأسلافنا أيضاً عَلّمونا ذلك؛ إنما مع هذا ماتوا جوعاً»[٥٨]! كانت مشكلة الرئيس الأمريكي هي مشكلة الشخصية الأمريكية التي تنحو إلى التحدث البسيط، بل بتبسيط، عن تطلعاتها.

> **لا تضع ثقتك في الحلفاء.. وخصوصاً الذين هم أقوى منك، ففي أفضل الأحوال سيجعلونك قطعة شطرنج في ألعابهم**
>
> جورج واشنطن

كان الرئيس الأمريكي الراحل رونالد ريجان مثالاً حقيقياً للشخصية الأمريكية التي ترى أن كل المشكلات يمكن أن تحل بالعمل والجد فقط، وأن على أمريكا معاملة الخصم بصلابة، ومقاطعة العقوقين والمتمردين، وترك العالم الثالث غارقاً في أزماته، وجعل كل أمريكي يفخر بقوميته، واستعادة فضيلة الآباء المؤسسين وحكمتهم.. هكذا يمكن أن تحلَّ كل مشكلات العالم!

ويعتقد الأمريكي أن الاعتماد على الآخرين خطأ فادح وقاتل، كان جورج واشنطن ينصح مَنْ حوله قائلاً: «لا تضع ثقتك في الحلفاء.. وخصوصاً الذين هم أقوى منك، ففي أفضل الأحوال سيجعلونك قطعة شطرنج في ألعابهم».

وكان الرئيس الأمريكي بينجامين فرانكلين من أبرز الشخصيات الأمريكية اعتماداً على الذات، وتقديساً للعمل الجماعي، ولعله من المناسب أن نلقي الضوء على نموذج إيجابي للشخصية الأمريكية في مجال تقديس العمل والاعتماد على الذات.

---

٥٨ «الأمريكيون»، ميشيل جوبيير، مشروع الكتاب الإلكتروني، المركز الدولي لدراسات أمريكا والغرب، ٢٠٠٤م.

ولد بينجامين فرانكلين ليكون الطفل الخامس عشر لأب يعمل في صناعة الشموع، لم يتلق من التعليم إلا سنوات ثلاث، واضطر فرانكلين أن يعلِّم نفسه بنفسه، واستطاع منذ كان عمره الحادية عشرة أن يبدأ في تعلُّم اللغات، أجاد فرانكلين مع الوقت كلاً من اللاتينية والفرنسية والإسبانية والإيطالية والألمانية، وكان يتحدث هذه اللغات بمهارة وطلاقة، ثم تعلَّم بعد ذلك مهارات أخرى، واهتم بكلٍّ من الفلسفة والعلوم والرياضيات(٥٩).

كما أصبح كاتباً متميزاً، وله عدد من الكتب التي كانت الأكثر مبيعاً في زمانه. وعندما وصل إلى سنِّ الثانية والأربعين كان لديه من المال ما يكفي للتقاعد، وأصبح فرانكلين بعدها مخترعاً، وسجَّل العديد من براءات الاختراع، كان دائماً يقول: «احذر واخجل من نفسك إن أمسكتها وهي خاملة لا تفعل شيئاً».

كما نجح بينجامين فرانكلين في الحياة العامة نجاحاً يوازي نجاحه في الحياة الخاصة، فبالإضافة إلى كونه رئيساً أمريكياً، وأحد الآباء المؤسسين لأمريكا؛ فقد شارك في تكوين أول مكتبة عامة في فيلادلفيا، وأول متحف، وأول مستشفى عام، وأول كلية حكومية، وأول مكتب لبراءات الاختراع. وكان يقول: «عندما تكون جيداً مع الآخرين؛ فإنك تكون أفضل ما تكون لنفسك».

> **الطموح الأمريكي يدفع الإنسان إلى العمل الدؤوب، وإلى الاعتماد على الذات، ولذلك ليس غريباً أن تتربع أمريكا اليوم على قمة التطور المدني والعمراني**

وعندما وقَّع وثيقة الاستقلال الأمريكي، قال: «لا بد أن نتمسك جميعاً بالتعلق بعضنا ببعض؛ وإلا فإننا بالتأكيد سنُعلَّق فرادى [أي شنقاً]»(٦٠).

إن بينجامين فرانكلين نموذج يتكرر كثيراً في الحياة الأمريكية، فالطموح الأمريكي يدفع الإنسان إلى العمل الدؤوب، وإلى الاعتماد على الذات، ولذلك ليس غريباً أن تتربع أمريكا اليوم على قمة التطور المدني والعمراني.

59 "The Self-Made Model", Joannie Fisher, US News and World Report, 26 April, 2004.

60 "The Self-Made Model", Joannie Fisher, US News and World Report, 26 April, 2004

٨ - الميل نحو العنف

بدأت أمريكا كمشروع استيلاء ونهب لقارة بأكملها من أهلها الأصليين، ولذلك لم يكن هناك بديل لبندقية والعنف لتحقيق الهدف في أقصر وقت ممكن، وبأقل جهد.

الأمريكي الأول لم يتعلم من الهندي كيف يتفهَّم الطبيعة قبل أن يحاول أن يسيطر عليها، وأوقع الأمريكي نفسه منذ ذلك الحين وحتى اليوم في الكثير من المشكلات؛ بسبب الرغبة المستمرة في استخدام كل ما لديه من قوة للتعامل مع كل مشكلة.

كان الهندي يحسن إدارة القوة عند التعامل مع الطبيعة، ويستخدم القدر المناسب من القوة للحصول على ما يريد، أما الأمريكي الأول فكان لا يحسن إدارة القوة؛ وإنما يستهلكها حتى إن تسببت في ضرر له ولغيره.

يُروى أن الأمريكي الأول وقف ليتأمل كيف يصطاد الهندي فريسته من قطعان البقر دون أن يتسبب ذلك في فوضى للقطيع، كان الهندي يبذل بعض الوقت في البحث عن رأس القطيع وقائده ليوجه نحوه سهامه، ولا يتحرك القطيع لأنه فَقَدَ قائده، ومن ثَمَّ يسهل على الهندي أن يختار بعد ذلك ما يريد من البقر دون أن يتحرك القطيع.

أما الأمريكي الأول؛ فقد جاء إلى القارة محمّلاً بالبنادق والرصاص، والرغبة في استخدامهما لحل كلّ المشكلات، كان الأمريكي يطلق النار على البقرة التي يريدها من القطيع، وكان ذلك يُحدث هرجاً ومرجاً في القطيع، ويبدأ قائد قطيع البقر في الهرب، ويهرب معه كل القطيع آخذاً في طريقه الأمريكي وبندقيته، وكم قُتل من المغامرين الأمريكان تحت أقدام قطعان البقر الأمريكية؛ ليس بسبب قلة القوة وإنما بسبب سوء استخدامها!

ومضت القرون، ولم تحل مشكلة النهم في استخدام القوة، واتخاذها الوسيلة المثلى لحلّ كل المشكلات. أصبح امتلاك السلاح واستخدامه وسيلة لحلّ المشكلات عادة أمريكية تأصلت؛ حتى أصبح عدد قطع السلاح في الولايات المتحدة يتجاوز عدد البالغين من السكان، وأصبح العنف نموذجاً للحياة في بلاد الحضارة.

لقد كان رب الأسرة الأمريكي يُعرف في الماضي بأنه يحمل سلاحه داخل بيته معظم الوقت، وإذا ضايقه شيء ما كان يقف ويطلق الرصاص في الهواء لينفِّس عن ضيقه، ولم يُعرف شعب آخر في العالم بذلك. كان إطلاق

الرصاص في المجتمع الأمريكي أمراً معتاداً منذ بدء الدولة وحتى الآن، ويُروى أن الرئيس الأمريكي أندرو جاكسون كان يتحرك معظم حياته، وقد استقرت رصاصتان في جسده، وبقي على ذلك معظم عمره[٦١].

«وعندما تتجرد قوة السلاح من كوابح المبادئ والقيم والثقافة – مع غياب كل أنواع الشرعية – فإن السلاح يصبح الحكم بدون مقدمات، وبغير ضوابط، ومن ثَمَّ تكون الكلمة الأولى في أي لقاء هي تصويب المسدس، والكلمة الأخيرة هي الضغط على الزناد، وكذلك تتحول القوة في حد ذاتها إلى مصدر للمشروعية، وبها وليس بغيرها يتحول الاغتصاب إلى حيازة، وتتحول الحيازة إلى ملكية تسن لنفسها قوانين جديدة تتعامل بها الأوضاع المستجدة في تنظيم علاقات الغلبة والسيطرة»[٦٢]. واستمر المسدس يحكم علاقات الأمريكيين مع العالم ومع أنفسهم، وانتشر العنف ليصبح ظاهرة في المجتمع الأمريكي بين المجتمعات الغربية والشرقية.

وقد قُتل بين عامي ١٩٧٩م – ١٩٩١م خمسون ألف أمريكي تقل أعمارهم عن ١٩ سنة (٩٠٠٠ منهم أقل من ١٤ سنة) بالرصاص والحوادث والجرائم المختلفة، وارتفع خلال الفترة نفسها معدّل المعتقلين المتهمين بالقتل أو محاولة الانتحار، من الذين تقل أعمارهم عن ١٩ عاماً ، ليصبح ٣٩٪، وهم في غالبيتهم من الشباب الذين قتلوا أو جرحوا شباناً آخرين مثلهم[٦٣]. وعلى الرغم من أنّ مبدأ القوة والعنف واستخدام البندقية في حل كل المشكلات قد جلب لأمريكا الكثير من التقهقر؛ فإنها ماضية في مسلكها القائم على منطق استعباد الشعوب. ومع سقوط القوى العالمية الأخرى ازدادت أمريكا تجبراً بعد انفرادها بصناعة القرارات العالمية، وإن كان من المستبعد أن يطول هذا الانفراد، أو أن تنجح سياسة العنف مع العالم. ولذلك ليس بعجيب أن يجاهر بتقنين العنف سياسي مثل ثيودور روزفلت، والذي يقول: «إذا لم نحتفظ بصفات البربرية؛ فإن اكتساب الفضائل الحضارية سيكون قليل الجدوى»[٦٤].

ويؤكد بول وولفوفيتز – نائب وزير الدفاع الأمريكي في الإدارة الحالية – الرغبة المستمرة في استخدام السلاح لحل كل المشكلات؛ عندما يحدد سياسة وزارة الدفاع الأمريكية قائلاً: «ينبغي منع أية قوة معادية من السيطرة على مناطق يمكن لثرواتها أن تجعل من هذه القوة قوة عظمى،كما ينبغي تثبيط عزيمة الدول الصناعية المتقدمة إزاء أية محاولة منها لتحدي زعامتنا، أو لقلب النظام السياسي والاقتصادي القائم، كما علينا التنبه والتوقع لأي بروز محتمل لمنافس لنا على مستوى العالم». والسؤال المهم هنا هو: ما شأن وزارة الدفاع الأمريكية بمصالح الدول الصناعية أو مناطق الثروات؟ أليس هدف الدفاع الأمريكي هو فقط حماية الأرض الأمريكية، أم لا تزال البندقية الأمريكية هي وسيلة التعامل مع كل مشكلات الدنيا؟

61 "Talking about the American Character","booknotes" book, Todd Leopold, CNN.com, 02 July 2004.

٦٢ "من نيويورك إلى كابول: كلام في السياسة"، محمد حسنين هيكل، دار الشروق، ٢٠٠٣م.

٦٣ "أمريكا طليعة الانحطاط"، روجيه جارودي، دار الشروق، ٢٠٠٢م.

64 "US Expansionism: The Imperialist Urge in the 1890s",David Healy,U.Wisconsin Press,1970). P 115.

٩ - الإعجاب بالإصرار والضغط

الشخصية الأمريكية تُعجب دائماً بمن يصرُّ على مواقفه، ويضحّي من أجلها، ويحب الأمريكي أن تُمارس ضغوطاً مستمرة عليه من أجل أن تحصل على ما تريد، ولذلك أصبح الضغط السياسي هو إحدى أهم وسائل التأثير في صناعة القرار. الأمريكي بطبيعته ينفر من أن يعطي دون مقابل، أو أن يعطي وهو مجبر، ولكنه يحب أن يشعر أن الطرف الآخر قد بذل كل ما يستطيع من أجل أن يحصل على ما يريد.

ومثال ذلك أن الحرية الفردية للأمريكي الأسود لم تُستمد فقط من وثيقة الاستقلال ونصوص مدّعاة عن حقوق الإنسان، فهذه الوثائق اشتركت فيها كل فئات المجتمع الأمريكي بما فيها من الهنود الحمر، ولكن نجاح السود كان مستمداً من صراعهم اجتماعياً من أجل الخلاص من الاسترقاق، ورفضهم الظلم الذي هو علاقة اجتماعية يرغبون في تجاوزها وإسقاطها.

بهذا أضحت الحرية الفردية للسود مطلباً اجتماعياً تظاهره قوة ووعي، وعنصراً من عناصر الصراع في العلاقات الاجتماعية؛ يتحدد نجاحه وإخفاقه في إطار البنية الاجتماعية، وهو ما لم يحدث للهنود الحمر على الرغم من نصوص الحرية[٦٥].

لذلك فإن الإصرار والضغط المستمر هما سمتان واضحتان في التعامل بين الأمريكيين، وكذلك فَهُم يتوقعون من غيرهم أن يمارس الطريقة نفسها للوصول إليهم والتأثير فيهم. أما أن يُتوقع من الأمريكي أن يستجيب تلقائياً لما تريده لمجرد أنك ترى أنك صاحب حق؛ فهذا مخالف لما دأبت عليه الحياة الأمريكية.

ولذلك يصطدم العرب والمسلمون دائماً بأن غيرهم يمارس ضغوطاً كبيرة على السياسيين الأمريكيين ويحصلون على كل ما يريدون، ونحن في المقابل نرى أن الحق واضح، ولذلك فلا حاجة إلى الضغط من أجل الحصول عليه، بل نترفع أحياناً عن ذلك، ونخسر كثيراً لأننا لم نفهم الشخصية الأمريكية، ولم ندرك كيف نتعامل معها سياسياً!

---

٦٥   "العقل الأمريكي يفكر: من الحرية الفردية إلى مسخ الكائنات"، شوقي جلال، مشروع الكتاب الإلكتروني، المركز الدولي لدراسات أمريكا والغرب، ١٩٩٦م.

١٠- سرعة الإيقاع

كل شيء في أمريكا يسابق الزمان، وكما وصف ذلك الدكتور مصطفى محمود فـ «هناك شيء غير طبيعي في المجتمع الأمريكي.. أن الكل يسعى إلى اغتنام لحظته في تلهف عجيب.. لا يدع ساعة تفوته دون أن يعتصرها ويعيشها طولاً وعرضاً في معرفة أو مصلحة أو عمل أو لذة أو مكسب أو ثأر أو شهوة أو عاطفة أو هوى جامح أو صفقة أو سرقة أو كبسة بوليسية، الآن وفوراً اغتنم لحظتك.. فهي لن تعود مرة أخرى»[٦٦].

وفي كتاب (بعيداً وواسعاً) للكاتب الإنجليزي دوجلاس ريد؛ دوَّن ملاحظته عن الشعب الأمريكي قائلاً: «كل الأمريكيين يجرون أو يهرولون.. وكأن بعضهم يحاول الهرب من ماض يخاف أن يلحقه، وبعضهم الآخر يحاول الإمساك بفرصة يخاف ألا يلحقها».

سرعة الإيقاع تمثل نمطاً للحياة الأمريكية في مختلف جوانبها، ومنها الجانب السياسي أيضاً، فلا يتوقف الأمريكي كثيراً عند قضية ما من القضايا؛ وإنما يحتاج إلى سرعة الفهم، وسرعة اتخاذ القرار، والتحرك دائماً نحو الأمام

إن سرعة الإيقاع تمثل نمطاً للحياة الأمريكية في مختلف جوانبها، ومنها الجانب السياسي أيضاً، فلا يتوقف الأمريكي كثيراً عند قضية ما من القضايا؛ وإنما يحتاج إلى سرعة الفهم، وسرعة اتخاذ القرار، والتحرك دائماً نحو الأمام. ونظلم كثيراً قضايانا في أروقة السياسة الأمريكية عندما نختار ممثلينا ممن لا يجيدون فنون الحديث الأمريكية، ولا يتقنون فن تقديم الوجبات الفكرية السريعة للسياسيين لكي يتعرفوا همومنا بشكل صحيح!

حتى عندما يُستضاف ممثلو الأمة في الإعلام الأمريكي يتلكؤون في الحديث ويتباطؤون في الإجابات، ونفقد بذلك جلَّ جمهور المشاهدين والمستمعين الذين يعيشون في الحياة هناك بإيقاع أسرع كثيراً من إيقاع كثير من الرموز والقادة في عالمنا.

---

٦٦ "الحضارة الأمريكية"، الدكتور مصطفى محمود، مطابع الغد المشتعل، ١٩٩٥م.

١١ - القسوة في التعامل مع الأعداء

قامت أمريكا على فكرة المواجهة والصراع مع كل شيء بدءاً من الطبيعة ومروراً بالبشر، ومع الأعداء والمخالفين، حتى مع الأصدقاء أحياناً. وقد أفرزت فكرة المواجهة تقنيناً فكرياً للقسوة في التعامل مع العدو، والرغبة الدائمة في القضاء التام على كل مَنْ يخالف أمريكا أو يعارض رغبات الشعب الأمريكي.

ويتحدث عن هذه الثقافة في قسوة التعامل مع الأعداء؛ الباحث الأمريكي يوليسيس جرانت؛ محدداً الأسلوب الأمريكي في التعامل مع العدو: «ابحث أولاً عن مكان عدوّك، وواجهه في أسرع وقت ممكن، وهاجمه بأقصى ما تستطيع، ولأكثر عدد ممكن من المرات، ثم امض قدماً»[٦٧].

قامت أمريكا على فكرة المواجهة والصراع مع كل شيء بدءاً من الطبيعة ومروراً بالبشر، ومع الأعداء والمخالفين، حتى مع الأصدقاء أحياناً

ويورد جاك بيتي، محرر كتاب (العملاق)، واحداً من تقارير شركة «فرجينيا» مكتوباً سنة ١٦٢٤م، ومرسلاً إلى جمعية المساهمين بها في لندن، وفيه بالنص: «إن الخلاص من الهنود الحمر أرخص بكثير من أية محاولة لتمدينهم، فهم همج، برابرة، عراة، متفرقون.. جماعات في مواطن مختلفة، وهذا يجعل تمدينهم صعباً، لكن النصر عليهم سهل. وإذا كانت محاولة تمدينهم سوف تأخذ وقتاً طويلاً؛ فإن إبادتهم تختصره، ووسائلنا إلى النصر عليهم كثيرة: بالقوة، بالمفاجأة، بالتجويع، بحرق المحاصيل، بتدمير القوارب والبيوت، بتمزيق شباك الصيد، وفي المرحلة الأخيرة المطاردة بالجياد السريعة والكلاب المدربة التي تخيفهم؛ لأنها تنهش جسدهم العاري»[٦٨].

وفي عام ١٨٧٠م، خلال المشروع الأمريكي للهيمنة على القارة عبر حرب الإبادة والاستيطان الضارية، كانت فروة رأس الهندي الأحمر المسلوخة تباع في مدينة «دنفر» الأمريكية بعشرة دولارات؛ تأجيجاً لحماسة المستوطنين، وتشجيعاً لهم على تطهير البلاد من أصحابها! وفي مدينة «سنترال سيتي» وصل سعرها إلى خمسة وعشرين دولاراً، وفي مدينة «ديدوود» وصل إلى مائتي دولار، وكان المستوطنون يفاخرون بغنائمهم من الرؤوس البشرية!

---

67 "War in Afghanistan and American Character", David Tucker, On Principle, V10n2, April 2002.

٦٨ "من نيويورك إلى كابول: كلام في السياسة"، محمد حسنين هيكل، دار الشروق، ٢٠٠٣م.

ولم يكن العنف موجهاً ضد الهنود الحمر فقط، بل بين المهاجرين أنفسهم، وفي إحدى فقرات كتاب (موجز تاريخ الولايات المتحدة)؛ يذكر المؤلفان أن «الاشتباكات الشخصية في فيرجينيا وكارولينا كانت لا تخضع لأي قواعد.. وأدى التباري في «اقتلاع العيون» إلى أن أصبح منظر الرجل الأعور عادياً».

> **إن الأمريكيين سيظلون مكروهين حول العالم، ولكن مع ذلك ستنجح أمريكا في فعل ما تريد فعله، وعلى الأمريكيين أن يفهموا غرابة الوضع الذي هم فيه**
>
> ديفيد بروكس

لقد أفرزت الصراعات التاريخية بين المستوطنين وبين الهنود ثقافة قننت التخلص من الأعداء بكل طريق ممكن، وتكوّنت ثقافة عنصرية تغلف نفسها بغلاف من حقوق الإنسان العالمية؛ ليتم باسمها التخلص من كل أعداء الشعب الأمريكي وإبادتهم، ويخمد من خلالها النهم الأمريكي في الحصول على المزيد من السلطة والقوة والمال.

ويقدم أحد المفكرين الأمريكيين تسويغاً لهذا العنف في التعامل مع الآخرين، وهو أنه الطريق الوحيد لكي تفعل أمريكا ما تريد، ولذلك فلا مفر من استخدام القوة مع العالم، «أمريكا لم تفهم السر المأساوي في أن قوتها هي نقطة ضعفها، فكلما استخدمت أمريكا كل هذا الجبروت؛ فإن الآخرين بمن فيهم أولئك الذين كانت تعتزم مساعدتهم سيقفون ضدها وسيقاومونها.. إن الأمريكيين سيظلون مكروهين حول العالم، ولكن مع ذلك ستنجح أمريكا في فعل ما تريد فعله، وعلى الأمريكيين أن يفهموا غرابة الوضع الذي هم فيه»(٦٩).

٦٩ "المثالية أعمت أمريكا"، ديفيد بروكس، فهرس المقالات المترجمة، موقع المركز الدولي لدراسات أمريكا والغرب، www. icaws.org، مقال رقم ١١٥، ١٧ مايو ٢٠٠٤م.

١٢ - تقديم القوة على المبادئ

الأمريكي يقدِّم القوة على المبدأ، ويضحّي بالمبدأ من أجل امتلاك القوة   أو تجنب مواجهة مَنْ هو أقوى. والحديث هنا عن أولويات سياسية وليس عن مبادئ أخلاقية، ولذلك نرى أن حركة السود في الولايات المتحدة على رغم قناعتها التامة بمبادئها في المساواة؛ فإنها استقرت على القبول باللعب ضمن المعادلات السياسية القائمة؛ لأنها لا تمتلك الرصيد الكافي من القوة لتحقيق مبادئ المساواة، ولكنها تسعى إلى الحصول على القوة لكي تفرض رأيها على المجتمع الأمريكي، وهكذا فعل اللوبي الموالي لإسرائيل في أمريكا.

لا تحدِّث السياسي الأمريكي عن المبادئ عند الدفاع عن قضيتك، فهو قد ضحَّى بالكثير من المبادئ كي يصل إلى كرسي السياسة الذي دعاك للحديث إليه! إن حديثك عن المبادئ يوقظ في السياسي الأمريكي مشاعر الخجل والإحساس بالنقص، ولذلك يتململ ويبحث عن فرصة ما للهروب من هذا الحديث المزعج.

أما إن حدثته عن القوة في الدفاع عن قضيتك سواء عادلة كانت أم غير عادلة؛ اهتم بحديثك لأنه لا يستشعر الذنب تجاه استخدام القوة أو اللجوء إليها لخدمة أي قضية سواء عادلة أم غير عادلة، المهم أن تكون مقنعاً لا أن تكون عادلاً، وليس مهماً أن تكون قضيتك منصفة أو أن تكون أنت على صواب فيما تعتقد.. المهم أن تجمع لقضيتك كل عناصر القوة، وأن تكون مستعداً للتضحية من أجل ذلك[٧٠].

هناك ميل دائم في الحياة الأمريكية للبحث عن تفسير مقبول لاستخدام القوة حتى لو كان ذلك على حساب المبادئ، ويُكثر الكتّاب الأمريكيون من التحدث عن تبعات القوة، وأن أمريكا لا ينبغي أن تكون مثالية حين تحتاج إلى استخدام قوتها، ولا بأس بالتضحية بالمبادئ في ذلك، المهم أن تكون أمريكا فعّالة.

> لا تحدِّث السياسي الأمريكي عن المبادئ عند الدفاع عن قضيتك، فهو قد ضحَّى بالكثير من المبادئ كي يصل إلى كرسي السياسة الذي دعاك للحديث إليه

---

٧٠ "كيف تؤثر على السياسي الأمريكي؟"، د. باسم خفاجي، ندوة "مستقبل العالم في ظل الهيمنة الأمريكية" المركز الدولي لدراسات أمريكا والغرب، ٢٠٠٤م.

وفي مقال بعنوان «قوتنا التي أفسدتنا»؛ يتحدث الكاتب الأمريكي ديفيد بروكس عن ذلك قائلاً: «لقد أعمى الجشع أمريكا وأعمتها أيضاً المثالية، في منتصف القرن الماضي وجد هناك قادة أمريكيون من أمثال روزفلت وهاري ترومان الذين رأوا القوة الأمريكية وهي تحرر معسكرات الموت في أوروبا، أولئك القادة كانوا مثاليين ربطوا بين الحقيقة والواقع، وبين الثقة في النفس حول قدرتهم على صنع التاريخ وتوجيهه الوجهة الصحيحة من وجهة نظرهم، لقد أخذوا بوجهة نظر غريبة للوضع، لقد فهموا أنه لن يكون بوسع أمريكا إلحاق الهزيمة بأعدائها دون وجود قوة جبارة، ولكن ليس بوسع أمريكا امتلاك مثل هذه القوة دون أن تصبح مفتونة بها، وعليه ليس بوسع أمريكا فعل الشيء الجيد دون فقدان براءتها.

لقد أوكل التاريخ لأمريكا مهمة قذرة، وهي القيام بأعمال خطيرة أخلاقياً، لم يحاول الأمريكيون تجنب القيام بهذه المهمة، ولكنهم لم يتوقعوا أن يكونوا قديسين أيضاً»[٧١].

> لقد أوكل التاريخ لأمريكا مهمة قذرة، وهي القيام بأعمال خطيرة أخلاقياً، لم يحاول الأمريكيون تجنب القيام بهذه المهمة، ولكنهم لم يتوقعوا أن يكونوا قديسين أيضاً
>
> ديفيد بروكس

إن حشد قوى الضغط السياسي والفكري لقضية ما؛ أهم بكثير من عدالة هذه القضية في نظر الناخب أو السياسي الأمريكي، وفَهْم هذه النقطة يساعد كثيراً في التأثير في القرار السياسي الأمريكي.

وهنا تبرز نقطة مهمة، وهي أهمية عدم الانتظار إلى أن يصدر القرار، وإنما المساهمة في صناعته، فالكثير من القرارات الأمريكية تمر بمراحل متعددة من التعديلات أثناء صياغتها النهائية، وتخضع تلك المراحل إلى ضغوط متشابكة من كل القوى التي تهتم بهذه القرارات، وعدم الوجود والتأثير في هذه المراحل؛ يعني عدم المشاركة في صناعة القرار السياسي الأمريكي.

---

٧١   "قوتنا التي أفسدتنا"، ديفيد بوكس، نيويورك تايمز، ١٧ مايو ٢٠٠٤م.

١٣ – كل شيء يمكن أن يُشترى

يعتقد الأمريكي أن كل شيء من الممكن شراؤه في عالم اليوم، وعالم الأمس أيضاً. لم يرهق المجتمع الأمريكي نفسه في إعادة اختراع الأشياء، أو محاولة الابتكار دون داع. نظر الأمريكي الأول إلى العالم ونقل واشترى كل ما يريد، أو اغتصبه.. ليس مهماً تفاصيل ذلك.. المهم أن الهدف قد تحقق. ذهب الأمريكي إلى أوروبا واشترى، وعاين ما وجد أمامه، واختار ما رآه نافعاً – مفيداً – أو حلواً، وكان له ما أراد بغير موانع.

وهكذا تعوَّد الأمريكان طلب الأشياء – مادية ومعنوية، من حقوق الثروات الطبيعية إلى حقوق السيادة الوطنية – بلا عناء مقابل ثمن نقدي يُدفع، ثم يتم شحن البضاعة[٧٢]!

ولذلك فالسياسة الأمريكية اليوم تحاول دائماً شراء ما تريد إن لم تستطع أن تغتصبه، وهذا ما جرى مثلاً في صفقة تسليم الرئيس الصربي السابق «سلوبودان ميلوسوفيتش»، وكانت الصفقة بيعاً وشراء – تسليماً وتسلّماً – قيمتها بليون دولار، وكان نصيب الولايات المتحدة الأمريكية النقدي في الصفقة ١٨٢ مليون دولار، لكن الصفقة جرت تحت إشرافها وإدارتها.

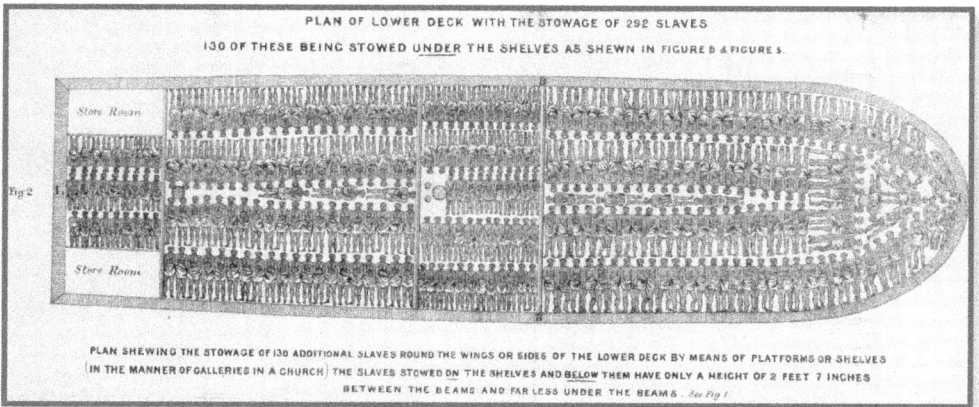

PLAN OF LOWER DECK WITH THE STOWAGE OF 292 SLAVES

130 OF THESE BEING STOWED UNDER THE SHELVES AS SHEWN IN FIGURE D & FIGURE 5.

PLAN SHEWING THE STOWAGE OF 130 ADDITIONAL SLAVES ROUND THE WINGS OR SIDES OF THE LOWER DECK BY MEANS OF PLATFORMS OR SHELVES (IN THE MANNER OF GALLERIES IN A CHURCH) THE SLAVES STOWED ON THE SHELVES AND BELOW THEM HAVE ONLY A HEIGHT OF 2 FEET 7 INCHES BETWEEN THE BEAMS AND FAR LESS UNDER THE BEAMS. See Fig 1

رسم يوضح كيف كان يتم «شراء .. وتخزين» العبيد في السفن القادمة لأمريكا!

---

٧٢ "من نيويورك إلى كابول: كلام في السياسة"، محمد حسنين هيكل، دار الشروق، ٢٠٠٣م.

وليس هذا بمستغرباً في التاريخ المعاصر لأمريكا، فقد تكونت أمريكا نفسها بالشراء أحياناً وبالاغتصاب أحياناً أخرى، فجزيرة «مانهاتن» وعليها «نيويورك» جرى شراؤها مرتين، باعها زعيم هندي أحمر إلى شركة هولندية في البداية بمبلغ ٢٤ دولاراً وسموها نيوامستردام، وبعدها بعشرات السنين باعتها الشركة الهولندية إلى الولاية الأمريكية. ومثلها ولاية كاليفورنيا التي ضُمت إلى أمريكا بصفقة بيع وشراء من إسبانيا، ولويزيانا كانت صفقة مع فرنسا.

كونت أمريكا نفسها بالشراء أحياناً وبالاغتصاب أحياناً أخرى، فجزيرة «مانهاتن» وعليها «نيويورك» جرى شراؤها مرتين، باعها زعيم هندي أحمر إلى شركة هولندية في البداية بمبلغ ٢٤ دولاراً وسموها نيوامستردام، وبعدها بعشرات السنين باعتها الشركة الهولندية إلى الولاية الأمريكية

وعندما احتاجت أمريكا في نشأتها إلى العمالة الرخيصة؛ جمعت أيضاً بين الاغتصاب والنهب، وبين الشراء إن لم يتيسر النهب. ويورد جيمس هيدجز في كتابه عن تجارة الرقيق، في الفصل الخاص بـ «التجارة في الأرواح» كما سماها، مجموعة من أوراق إحدى الشركات المساهمة في هذا المجال، وقد ركّز فيها على سجلات سفينة الشحن «سالي» وقبطانها «أيسيك هوبكنز»[٧٣].

وفي سجلات السفينة «سالي» توجيه من الملاك يقول للقبطان: «إننا نثق فيك وفي إخلاصك لنا، وخدمتك لمصالحنا، ونحن نفوضك بأن تذهب إلى شواطئ إفريقيا «شاطئ غينيا» وتشحن سفينتك بمن تستطيع أن تجلبهم من العبيد «بالوسائل» التي تراها، وأنت مخوّل أن تبيع وتشتري منهم كما تشاء في طريق رحلتك إلى أمريكا عندما تتوقف في جزيرة «باربادوس». ونذكّرك طبقاً للعقد بأن حصتك هي ٤ عبيد لك مقابل كل ١٠٠ عبد للشركة؛ مضافاً إلى هذا نسبة ٥٪ من ربح الحمولة عندما يتم بيعها. ونريد أن نذكّرك بأن السرعة في هذه التجارة مطلوبة لأن الحاجة إلى اليد العاملة ماسة»!

٧٣ "من نيويورك إلى كابول: كلام في السياسة:، محمد حسنين هيكل، دار الشروق، ٢٠٠٣م.

١٤ - نقص الاهتمامات السياسية

المواطن الأمريكي لا يهتم كثيراً بما يحدث خارج الولايات المتحدة؛ إلا إذا أثر ذلك تأثيراً مباشراً في حياته اليومية، ولذلك لم يهتم المواطن الأمريكي بمعرفة مشكلات الشرق الأوسط إلا بعد أحداث سبتمبر، والتي جعلت من قضايا المنطقة العربية قضايا محلية تمس حياة كل أمريكي، ولذلك تزايد الاهتمام بمعرفة الشرق الأوسط والإسلام والعالم العربي تزايداً كبيراً في الأعوام الأخيرة.

إن مشكلة الشعب الأمريكي تكمن في اللامبالاة تجاه القضايا السياسية بوجه عام، ويعبِّر عن ذلك جوزيف ناي في كتابه عن (مفارقة القوة الأمريكية) قائلاً: «انشغل الأمريكيون بقضاياهم المحلية، فاتجهوا إلى الحاضر والماضي بدلاً من الاهتمام بالمستقبل العالمي، فلم تلعب السياسة الخارجية أي دور في انتخاباتنا الرئاسية..

عندما يكون أغلب الناس غير مبالين؛ فإنهم يتركون ميادين معركة السياسة الخارجية لذوي المصالح الخاصة، والنتيجة تحديد ضيق لمصلحتنا الوطنية كثيراً ما ينفّر منّا بلداناً أخرى».

مشكلة الشعب الأمريكي تكمن في اللامبالاة تجاه القضايا السياسية بوجه عام

«المفارقة أن تفوق أمريكا كثيراً ما يعامله الشعب الأمريكي نفسه بلا مبالاة.. ومن هنا فإن الحكمة ترغم الساسة الطموحين على تجنب المناقشات حول السياسة الخارجية»[٧٤].

وفي دراسة أجراها مجلس شيكاغو للعلاقات الخارجية عن اهتمام الشخص الأمريكي بالسياسة الخارجية وأخبار بلدان العالم؛ وجد أن ٢٩٪ فقط من الشعب الأمريكي يهتمون بأخبار البلدان الأخرى، وعند إجابة سؤال عن أكبر المشكلات التي تواجه أمريكا؛ شكّلت السياسة الخارجية ٧٪ فقط من اهتمامات الشعب الأمريكي،و ١٩,٢٪ فقط من اهتمامات صنّاع القرار.

وفي تقرير حديث لمركز أبحاث بيو حول الخريطة السياسية الأمريكية، لوحظ أن ١٠٪ من الأمريكيين يعلنون أنهم لا يهتمون بالسياسة، وأن أكثر من ٣٠ مليون أمريكي، أو ١٠٪ من عدد السكان لا يهتم بالتسجيل للتصويت في الانتخابات ابتداء، ولا يتبرع لأي مرشح سياسي، ولا يتابع الحياة السياسية الأمريكية بالعموم.

---

٧٤ "أتحتاج الولايات المتحدة إلى سياسة الخارجية؟"، هنري كيسنجر، مطابع سيمون وتشوستر، ٢٠٠١م، ص ١٨.

يمكن استثمار هذه السلبية بنقل قضايا السياسة الخارجية إلى الحياة الأمريكية اليومية، وقد نجح اللوبي الموالي لإسرائيل في ذلك إلى الحد الذي أصبحت فيه قضايا إسرائيل تثار في صفحة المحليات في الصحف والمجلات الأمريكية، وليس في صفحة السياسة الخارجية، ولم يلتفت إلى ذلك أكثر المحللين.

«إن الخطر في عدم مبالاة الجمهور هو أن المصالح الخاصة لفئات معينة – من اقتصادية وعرقية وعقدية، والموجودة دائماً في كل ديمقراطية – ينمو لها صوت أقوى من صوتها الطبيعي المعتاد في تحديد المصلحة الوطنية»(٧٥).

ودليل ذلك أن قضايا إسرائيل أصبحت من اهتمامات المواطن الأمريكي؛ لأنه يجدها دائماً في الصحيفة من خلال الأخبار، وفي الكنيسة من خلال قساوسة اليمين الصهيوني، ومن خلال السياسي الأمريكي الذي يخشى من هيمنة اللوبي الصهيوني.

وهكذا تحولت إسرائيل إلى قضية داخلية محلية في العقل الجمعي الأمريكي، وهذا هو النجاح الحقيقي الذي حققته الآلة الإسرائيلية في الحياة الأمريكية.

> **الخطر في عدم مبالاة الجمهور هو أن المصالح الخاصة لفئات معينة – من اقتصادية وعرقية وعقدية، والموجودة دائماً في كل ديمقراطية – ينمو لها صوت أقوى من صوتها الطبيعي المعتاد في تحديد المصلحة الوطنية**

---

٧٥ "مفارقة القوة الأمريكية"، جوزيف ناي، مطابع جامعة أكسفورد، ٢٠٠٢م، واشنطن، ص ٢٤٣.

١٥ – عدم الاهتمام بماضي الأشخاص

لا يزال اهتمام الأمة العربية والإسلامية بفهم الغرب اجتماعيا وحضارياً سواء كان ذلك فيما يتعلق بالولايات المتحدة الأمريكية أو أوربا الغربية، أو غيرها من دول الغرب، محدوداً وقاصراً ولا يتواكب مع تطور العلاقة وأثرها على مستقبل الشعوب العربية والإسلامية، ليس على المستوى السياسي والعسكري والأمني فقط، وإنما على المستويات الاجتماعية والفكرية والثقافية والتقنية أيضاً.

ومن ذلك فهم الطبيعة المجتمعية لأمريكا في مقابل أوربا كما أوضحنا في فصل سابق في هذا الكتاب. ومن الفوارق الهامة بين الشخصيتين الأوربية والأمريكية، هو ما يتعلق بدرجة الاهتمام بخلفية وماضي الأشخاص في مقابل حاضرهم وقدراتهم.

ومن أهم الآثار السياسية التي تظهر في المجتمع الأمريكي نتيجة لتركيبه النفسي؛ أن الخلفية الاجتماعية لا تؤثر كثيراً في فرص النجاح للإنسان إذا امتلك عوامل القوة وأحسن استخدامها.

> من أهم الآثار السياسية التي تظهر في المجتمع الأمريكي نتيجة لتركيبه النفسي؛ أن الخلفية الاجتماعية لا تؤثر كثيراً في فرص النجاح للإنسان إذا امتلك عوامل القوة وأحسن استخدامها.

لا تقوم الحياة الأمريكية على فكرة الطبقية التاريخية، أي فكرة انتماء شخص إلى مستوى اجتماعي محدد سلفاً بسبب أسرته أو اسم عائلته، أو المنطقة الجغرافية التي أتى منها، أو الحي الذي نشأ فيه. هذه الأمور في الحياة الأمريكية ليست لها نفس القيمة التي تمنح لها في الدول الأوربية على سبيل المثال. الأمريكي يرى أن قوته ومكانته تتحدد اليوم، وعبر عمله وقدراته وماله، وليس بسبب تاريخ أسرة أو مستواها.

يؤكد على أهمية هذه النقطة في الحياة الأمريكية الكاتب والباحث مايكل جازانيجا قائلا: «عندما نصحو صباحا، لا نفكر في تلك المثلثات والمربعات التي يستخدمها الباحثون النفسيون وعلماء الاجتماع طوال القرن الماضي. إننا نفكر في مكانتنا الاجتماعية. إننا نفكر في مكانتنا مقارنة بمن حولنا».

أما في بلدان أوروبا الغربية؛ فإن الخلفية الاجتماعية تمارس دوراً مهماً في النجاح السياسي للأشخاص، ولذلك نجد الرؤساء الأمريكيين قد أتوا من بيئات غنية وفقيرة، ومن خلفيات ثقافية متميزة وضحلة أيضاً، ومن مناطق مختلفة من القارة الأمريكية.

فالصورة النمطية للجنوب الأمريكي مثلاً سلبية في الغالب في المجتمع الأمريكي؛ وعلى الرغم من ذلك لم تؤثر كثيراً في فرص كارتر وكلينتون في النجاح وهما من ولايات الجنوب، ولم يحتج أحد منهما إلى تغيير لهجته المعروفة في كلماته، بينما اضطرت مارجريت تاتشر قبل الانتخابات البريطانية في أواخر القرن الماضي إلى تعيين مدرب لغوي خاص ليساعدها في التخلص من «لكنة الطبقة العمالية»؛ لكي تتمكن من إقناع البريطانيين بقبولها مرشحاً لرئاسة الوزراء؛ على رغم كونها من خريجي إحدى أشهر جامعات بريطانيا.

الأحداث التي مرت بها أمريكا خلال السنوات الماضية أظهرت الخلل الكبير والكارثي الذي يمر به المجتمع الأمريكي

هناك صراعات اجتماعية، ولكنها لا تتمحور حول ماضي الأشخاص، وإنما حول واقعهم الاجتماعي بين غني وفقير، وبين من يملك ومن لا يملك. الأحداث التي مرت بها أمريكا خلال السنوات الماضية أظهرت الخلل الكبير والكارثي الذي يمر به المجتمع الأمريكي.

يعبر عن ذلك أحد الكتاب الأمريكيين، وهو الكسندر كوكبرن قائلا «هناك جميع أنواع المساومات التي يتباحث حولها الأغنياء أو ذوو النفوذ في أي مجتمع مع الفقراء .. من خلال الخبز أو السيرك أو الصدقة، أو الوعد بأن الجميع سينجون. الصفقة هي: لا تسببوا لنا أية مشاكل وسنعتني بكم. ولكن تنهار الامبراطوريات عندما يصبح العرض خاوياً، وكأنه يقول: لن نعتني بكم، أو: لا نستطيع أن نعتني بكم .. أو: نحن لم نعد بحاجة لكم ولم نعد نخشاكم. وقد بلغنا هذه النقطة هنا»

١٦- العطف على المنبوذين

يعطف الشعب الأمريكي على المنبوذين بشكل واضح وملموس، فالعقل الجمعي الأمريكي يرى أن المنبوذ ضمن ثقافة معينة أو مجتمعٍ ما يمر بما مرَّت به نفسه أجيال المهاجرين الأوائل إلى القارة الأمريكية، ولذلك فلا بد من العطف عليه ودعْم دعوته؛ لأن الأجداد مروا بتجربة مثيلة لها.

وقد نجح اللوبي الموالي لإسرائيل في استغلال هذه النقطة، فبعض الكنائس الموالية لهذا التيار تعقد الكثير من المقارنات بين بدء الحلم الأمريكي وبين نشأة دولة إسرائيل، فكلاهما قام على شعب غريب مهاجر استوطن أرضاً لا يملكها فراراً من الاضطهاد الأوروبي، ويسعى إلى إقامة حضارة جديدة.

«لقد اعتبروا مهمتهم إلهية ليبرروا مطاردتهم للهنود وسرقة أرضهم، حسب ما تُعلّمه قصة يشوع التوراتية.. وما قام به من «إبادات» مقدسة، وها هو أحدهم يكتب ما يلي: بديهي أن الله دعا المستعمرين للحرب، والهنود مثلهم مثل قبائل العمالقة والفلسطينيين السابقين الذين تحالفوا مع آخرين ضد إسرائيل»(٧٦).

العقل الجمعي الأمريكي يرى أن المنبوذ ضمن ثقافة معينة أو مجتمعٍ ما يمر بما مرَّت به نفسه أجيال المهاجرين الأوائل إلى القارة الأمريكية

ولذلك فإن الأمريكي يتقبل هذه الفكرة بسهولة ولا يهتم كثيراً بالألم الواقع على الشعب الأصلي الموجود في تلك الأرض، فلكل مشروع كبير تضحيات لا بد أن يدفعها أحد ما، وقد دفعها الهنود الحمر في السابق، وقامت على أرضهم حضارة العالم الجديد، فلِمَ لا يقبل العالم اليوم التضحية بشعب فلسطين من أجل أن تعود إسرائيل إلى الوجود بعد غياب طال لآلاف السنين؟!

هكذا تُمرر فكرة الظلم الإسرائيلي على الشعب الأمريكي الذي يعطف عليها، ونجد أن الشعوب الأوروبية على النقيض من ذلك، فهي أقرب إلى مناصرة الشعب الفلسطيني؛ وإن كانت تخشى من سلطة اللوبي الصهيوني فتهادنه خوفاً وليس اقتناعاً، بينما نجد التيار اليميني الأمريكي يفهم الموقف الإسرائيلي بنوع من القناعة؛ إضافة إلى الخوف من الضغط السياسي أيضاً.

---

٧٦ "الإرهاب الغربي"، الجزء الأول روجيه جارودي مكتبة الشروق الدولية ٢٠٠٤م، ص ٦٨.

ولذلك نجح الشواذ أيضاً من نيل الكثير من الحقوق المدنية التي تتمتع بها الأسر في المجتمع الأمريكي؛ لأنهم طرقوا بشدة على عقدة المنبوذين في المجتمع، فكلما ازداد امتعاض المجتمع الأمريكي منك؛ ازدادت فرصتك في النجاح في ذلك المجتمع.

وكلما كانت ظروفك أصعب عطف الأمريكيون عليك أكثر، ولذلك نجح في اكتساب الصوت الأمريكي المزارع «كارتر»، واللقيط «كلينتون»، والممثل المغمور «ريجان»، والسكّير الذي يعيش على ثروة أبيه «بوش»، والأسود الفقير اليتيم «أوباما»، وغيرهم كثير في الحياة السياسية الأمريكية.

يكفي أن كلاً منهم كان لديه من الطموح والرغبة الحقيقية في امتلاك واستخدام القوة ما وجّه نظر الناخب الأمريكي إليهم.. وبسبب تقدير الأمريكيين لمن يحاول التغلب على نقصه الشخصي؛ عطف الكثيرون عليهم بإعطائهم أصواتهم الانتخابية.

كلما كانت ظروفك أصعب عطف الأمريكيون عليك أكثر، ولذلك نجح في اكتساب الصوت الأمريكي المزارع «كارتر»، واللقيط «كلينتون»، والممثل المغمور «ريجان»، والسكّير الذي يعيش على ثروة أبيه «بوش»، والأسود الفقير اليتيم «أوباما»، وغيرهم كثير في الحياة السياسية الأمريكية

١٧ - العمل المؤسسي والجماعي

يميل الشعب الأمريكي إلى العمل المؤسسي انطلاقاً من ميله إلى الحرية الفردية في اختيار المؤسسات التي يجب أن يدعمها، ومن خلال رغبته أيضاً في التأثير في صناعة القرار في بلاده دون الدخول المباشر في العملية السياسية.

إن نجاح مؤسسات المجتمع المدني في الولايات المتحدة؛ إنما هو نتاج للشخصية الأمريكية التي تعلمت منذ بدء تكوين الولايات المتحدة أن الدولة ليس لها القدرة الكافية على أن توحّد بين أبنائها، أو تكفل لهم حاجياتهم الاقتصادية أيضاً(٧٧).

لقد تعلمت الأجيال الأولى من الأمريكيين التعاون للبقاء، ولذلك كوَّنوا اتحادات العمال، والمؤسسات، والأندية الاجتماعية، وجمعيات الحفاظ على الحقوق المدنية. ولاحظ ذلك أليكس توكفيل في تقويمه للشخصية الأمريكية فقال: «الأمريكيون من مختلف الأعمار والظروف والخلفيات الفكرية يتَّحدون بشكل مستمر، ولا يتوقف اهتمامهم على الاتحاد في المجالات التجارية والصناعية، ولكنهم يتجمعون في الآلاف من المؤسسات الأخرى حول الدين والأخلاق والحزن والتكاثر.. الأمريكان يستخدمون المؤسسات لكل الأغراض.. لبناء الفنادق.. وإقامة المقابر.. وبناء الكنائس، وتوزيع الكتب، وبعث الإرساليات التبشيرية إلى مناطق المحتاجين»(٧٨).

> **نجاح مؤسسات المجتمع المدني في الولايات المتحدة؛ إنما هو نتاج للشخصية الأمريكية التي تعلمت منذ بدء تكوين الولايات المتحدة أن الدولة ليس لها القدرة الكافية على أن توحّد بين أبنائها**

حتى في العمل السياسي فإن الأمريكيين يتَّحدون لمواجهة الدولة أو للتعاون معها، في أمريكا توجد الآلاف من مؤسسات الضغط الشعبي التي تجمع وتهتم بمختلف القضايا؛ بدءاً من دعم إسرائيل إلى حماية بعض أنواع الأسماك التي توشك على الانقراض من المحيطات. ولكل مؤسسة ضغط من هذه المؤسسات عضوية من

77 "A place like no other", Michael Barone, US News and World Report, 26 April, 2004.

78 "A place like no other", Michael Barone, US News and World Report, 26 April, 2004

الأفراد العاديين من مختلف فئات المجتمع، ويتجمعون من أجل تحقيق أهدافهم، وإسماع صوتهم للحكومات الأمريكية المحلية والفيدرالية.

إن قوى الضغط الشعبي في أمريكا تعدُّ إحدى القوى السياسية المهمة في الحياة الأمريكية، ويضعها الناخب الأمريكي ضمن أهم أولوياته لكسب رضاها، والتأكد أن هذه القوى ستقف معه في حملاته الانتخابية، أو ستساعده على صد هجوم القوى السياسية الأخرى المعادية لتوجهاته، فلكل توجه في أمريكا جمعيات شعبية تدافع عنه، إن العمل المؤسسي في أمريكا هو إحدى أهم وسائل التأثير السياسي.

> مزاج العمل الجماعي نحو أهداف مشتركة هو مزاج محوري في الشخصية الأمريكية التي تسعى دائماً لاستخدام كل الموارد المتاحة لها من أجل مزيد من النجاح

كما أن المؤسسات الفكرية الأمريكية التي يبلغ عددها الآلاف أيضاً؛ تمثل صورة أخرى من صور العمل المؤسسي الأكاديمي الذي يتجاوز الأطر الحكومية للجامعات، ويجمع أصحاب الاهتمامات الخاصة في إطار فكري وأكاديمي مستقل يدافع عن اهتماماتهم، ويدفعها أيضاً داخل أروقة الإدارات الأمريكية المختلفة. وليس عجيباً أن تنجح المراكز الفكرية الأمريكية في الولايات المتحدة نجاحاً أكبر كثيراً من نجاح المراكز الفكرية في غيرها من دول العالم، وذلك لتوافقها مع مزاج الشخصية الأمريكية التي تدعم المؤسسات المدنية وتشارك في تقويتها.

١٨ - النقد الذاتي والإصلاح المستمر

يشخّص الكاتب الأمريكي دافيد بروكس اهتمام الشخصية الأمريكية بالنقد الذاتي وإصلاح المسار بشكل مستمر ودائم، فيقول: «إن أمريكا دولة تذهب إلى الطبيب في كل عام، وفي كل عام يخبرها الطبيب أنها قد أصيبت بعدد من الأمراض الفتاكة، وقد تكون هذه الأمراض من جنس البعد عن الله، أو التفكك الاجتماعي، أو شيوع المخدرات، أو غيرها. ويعود المريض في العام التالي إلى الطبيب بوجه متورد وعضلات لا تزال قوية»(٧٩).

يرجع ذلك إلى الجهد المتواصل الذي تبذله الشخصية الأمريكية في إصلاح عيوبها، قد لا تنجح في كل الأحيان، ولكن الإنصاف والفهم الصحيح للحياة الأمريكية يقتضي إدراك أن أمريكا تسعى دائماً إلى تقويم مسارها بما يخدم أهدافها، ويحدث هذا على مستوى الفرد، وعلى مستوى الأمة أيضاً.

ومن اللافت للنظر أن هذه الصفة قد ارتبطت تاريخياً بالإنسان الغربي بوجه عام، واستمرت هذه الصفة في الإنسان الأمريكي حتى الآن، فقد ذكر عمرو ابن العاص - رضي الله عنه - حينما مدح الروم الصفة نفسها، أخرج مسلم في صحيحه: «عن المستورد القرشي قال: سمعت رسول الله صلى الله عليه وسلم يقول: «تقوم الساعة والروم أكثر الناس»، فقال له عمرو بن العاص: أبصر ما تقول! قال: أقول ما سمعت من رسول الله. قال: لئن قلت ذلك؛ إن فيهم لخصالاً أربع: إنهم لأحلم الناس عند فتنة، وأسرعهم إفاقة بعد المصيبة، وأوشكهم كرَّة بعد فرَّة، وخيرهم لمسكين ويتيم وضعيف، وخامسة جميلة: وأمنعهم من ظلم الملوك»(٨٠).

> **إن فيهم لخصالاً أربع: إنهم لأحلم الناس عند فتنة، وأسرعهم إفاقة بعد المصيبة، وأوشكهم كرَّة بعد فرَّة، وخيرهم لمسكين ويتيم وضعيف، وخامسة جميلة: وأمنعهم من ظلم الملوك**
>
> عمرو بن العاص رضي الله عنه واصفا طبائع الروم

79 "A place like no other", Michael Barone, US News and World Report, 26 April, 2004

٨٠ صحيح مسلم، الحديث رقم ٢٨٩٨؛ نقلاً عن "حوار الحضارات، العلاقة بين أمة الإجابة وأمة الدعوة"، د. إبراهيم بن ناصر الناصر. التقرير الاستراتيجي السنوي لمجلة البيان، الإصدار الثاني، ١٤٢٥هـ/ ٢٠٠٤م، ص ٩١.

ولا شك أن أمريكا اليوم تجمع بين سرعة الإفاقة من المصيبة وسرعة الرد والانتقام أيضاً، ولا يمنع ذلك من نفاذ قدر الله تعالى فيها، ولكننا نتحدث هنا عن صفة إيجابية تساهم في إعادة إصلاح مشكلات المجتمع بشكل ليس موجوداً في العديد من المجتمعات الأخرى.

إن الإنسان الأمريكي بطبعه لا ينفر من معرفة عيوبه، ويحب أن يواجهها، وأن يتغلب عليها. وتهتم الشخصية الأمريكية بإبراز النجاح في التغلب على النقص الشخصي أكثر من اهتمامها بإخفاء ذلك النقص، ولذلك فإن السياسي الأمريكي لا يجد إشكالاً كبيراً في الاعتراف بمشكلة؛ ما دام أنه يصورها لقاعدته الشعبية كأنها مشكلة قد تم التغلب عليها.

> **الإنسان الأمريكي بطبعه لا ينفر من معرفة عيوبه، ويحب أن يواجهها، وأن يتغلب عليها.**

لقد نجح بيل كلينتون في الحفاظ على كرسي الرئاسة على رغم ثبوت فضيحة لوينسكي عليه، ولم يتهرب جورج دبليو بوش من ماضيه الحافل بعدم الاكتراث ومعاقرة الخمور، ولكنه أكد للشعب الأمريكي أنه قد عالج نفسه وانتصر على نقصه، واختاره الشعب رئيساً ليتعامل العالم أجمع مع مشكلات هذا الرئيس الجديدة اليوم.

١٩ - حب الاقتناء والاستهلاك

نجحت الرأسمالية الأمريكية في إقناع المواطن أن الامتلاك والاستهلاك هما أفضل وسائل التعبير عن الحرية الشخصية والفردانية الأمريكية، ولذلك فإن الاقتناء والاستهلاك أصبحا من المكونات الأساسية في الشخصية الأمريكية التي تعتقد أن «قيمة الإنسان تتحدد بما يملك».

وبما أن أمريكا لا توجد بها طبقية أوروبا المرتبطة بالمستوى الاجتماعي للأسرة؛ فإن التمايز في المجتمع الأمريكي قد قام واستقر حول ما يملكه الإنسان، وقدرته على الإنفاق فيما يحب من أمور. ويذكر هذه النقطة الكاتب الأمريكي جايمس تويتشل في كتابه (الحياة إلى الأعلى: قصة حب الأمريكان لمظاهر الثراء) فيقول: «حتى بداية القرن العشرين كنا ننفق ما نملك، أما الآن فإن الأشياء التي نقتنيها أصبحت تحمل نفس المعاني الطبقية التي كان الدم والدين والمستوى الاجتماعي يحملانها في الماضي»(٨١).

ويتسبب حب الاستهلاك اليوم في الحياة الأمريكية في ارتفاع نبرة السيطرة الاستعمارية على العالم، فهي تتيح للأمريكي الحصول على كل ما يريد بأرخص الأثمان. إن الرغبات الأمريكية في السيطرة على منابع النفط ليست فقط رغبات لدعم الأمن القومي الاستراتيجي للدولة الأمريكية، ولكن الأهم أنها تضمن مستوى الرفاهية في الحياة الأمريكية اليومية التي تعتمد على الطاقة أكثر من اعتمادها على مصدر آخر من مصادر الطبيعة.

نجحت الرأسمالية الأمريكية في إقناع المواطن أن الامتلاك والاستهلاك هما أفضل وسائل التعبير عن الحرية الشخصية والفردانية الأمريكية

تذكر بعض الاحصاءات أن المواطن الأمريكي يستهلك من الموارد ما يستهلكة ٣٢ شخص من كينيا ! ويعرف الشعب الأمريكي بأنه «أكثر الشعوب إستهلاكاً للموارد على كوكب الأرض، هناك نظرية تقول انه لو عاش جميع سكان الأرض على نفس النمط الاستهلاكي الذي يعيشه المواطن الأمريكي ، فهذا يعني أننا سنحتاج إلى سبعة كواكب إضافية، بنفس موارد وثروات كوكب الأرض حتى تكفينا جميعاً».[٨٢]

81 "Our Consuming Interest", Linda Kulman, US News and World Report, 26 April, 2004.

٨٢ حقائق مذهلة عن أمريكا ستعرفها لأول مرة، أميـرة أحمـد، أخبار منوعات حقائق، ٢٠١٤/ ٠٩/ ٢٢، أراجيك

لذلك فلا غرابة أن نجد الشعب الأمريكي يوافق على احتلال العراق، ومحاولة التدخل في شؤون الشرق الأوسط؛ لأنه قد استقر في العقل الأمريكي أن هذا هو الطريق الوحيد للحفاظ على الرفاهية الاجتماعية ومعدلات استهلاك الطاقة الحالية التي تتضاعف مع الوقت، وتتجاوز كل معدلات استهلاك الطاقة في دول العالم المتحضر.

إن الحياة الأمريكية تعتمد على الاستهلاك كثيراً بشكل أكبر من باقي دول العالم الغربي، ويكفي أن ما تنفقه أمريكا في العام الواحد على أكياس القمامة يفوق الميزانية الإجمالية لـ ٩٠ دولة من دول العالم مجتمعة[83]! وأمريكا هي من الدول القليلة في العالم التي تزيد فيها عدد الأسواق عن عدد المدارس الثانوية، وأمريكا اليوم تنفق على الاستهلاك الفردي أكثر من ٧٠٪ من الإنتاج القومي لها، وهي من أعلى نسب الاستهلاك في العالم.

> **استقر في العقل الأمريكي أن نهب الشعوب الأخرى هو الطريق العملي الوحيد للحفاظ على الرفاهية الأمريكية**

ولذلك فإن التوجهات السياسية التي تهدف إلى فتح أسواق العالم أمام الأمريكي، والرغبة الأمريكية فيما لدى الآخرين.. إنما تنطلق في معظمها من تركيب الشخصية الأمريكية الذي يدفع المطامع الاستعمارية الاستهلاكية إلى أبعد الحدود.

83 "Our Consuming Interest", Linda Kulman, US News and World Report, 26 April, 2004.

الفصل الخامس: صناعة القرار

«إن التعرف المستمر والمتجدد لشعوب العالم وأفكاره المختلفة عملية ضرورية لا بد أن يقوم بها الناس بين وقت وآخر كنوع من الحساب والمراجعة وإلا سيكتشف الإنسان في لحظة ما أن الحقائق قد اختلفت، وأن الواقع قد تغير، وأننا قد توقفنا في إحدى محطات الماضي في الحكم على الأشخاص والدول والشعوب».

التأثير في صناعة القرار

الشخصية الأمريكية خليط من الصفات السلبية والإيجابية معاً، ولكي تنجح الأمة الإسلامية في الدفاع عن قضاياها في عالم اليوم؛ فلا بد من التعامل المباشر مع السياسة الأمريكية التي تشكِّل جزءاً مهماً من القرار السياسي للعالم اليوم.

إن حسن فهم الشخصية الأمريكية ومواطن قوتها وضعفها، ومزاياها السلبية وصفاتها الإيجابية؛ يمكن أن يساهم بشكل مهم في وضع التصورات العملية في كيفية التعبير عن قضايانا لدى المجتمع الأمريكي، وكيفية الوصول إلى التأثير في الناخب والمرشح وصانع القرار في الولايات المتحدة، ودفعهم في اتجاه خدمة قضايا الأمة.

التأثير في السياسي الأمريكي:

يفكر السياسي الأمريكي دائماً في مصلحته الشخصية، وليس في قضية أمتنا سواء عادلة كانت أم غير عادلة. وفي حساب مصالحه السياسية والانتخابية؛ فإنه يقوّم الساحة السياسية والقوى الضاغطة فيها، والإمكانيات المالية والانتخابية المتوفرة لكل قوة ضغط؛ فإن كانت قوة ضغطٍ ما لا تملك المال أو الأصوات الانتخابية؛ فهي قوة مهملة بصرف النظر عن عدالة قضيتها. وإن كانت قوة الضغط أو اللوبي مجهزاً بالمال، وقادراً على حشد الأصوات الانتخابية؛ فهي قوة مهمة لا بد أن توضع في حسبانه عند تحديد موقفه من قضية ما.

وهكذا يعمل السياسي الأمريكي، وهكذا تدار الآلة السياسية في الولايات المتحدة الأمريكية، فإن أردنا أن يكون لنا فيها محل قدم؛ فلا مفر من استخدام المال، أو القدرة على حشد الأصوات الانتخابية في الدوائر التي نهتم بمرشحيها، ونشعر بتعاطفهم معنا، ويأتي بعد ذلك الحديث عن عدالة القضية أو موقف الأمة، وليس قبل أن نوفر المال أو الأصوات.

التأثير في الناخب الأمريكي:

الناخب الأمريكي ليس هو القوة الوحيدة المؤثرة في صياغة السياسة الأمريكية، ولكنه بلا شك قوة فاعلة، ففي النهاية هو الذي يصوت، ويختار مرشحيه في دوائر صنع القرار الأمريكي. ولا يقلل ذلك من دور القوى الأخرى كالإعلام ومؤسسات الضغط السياسي، والشركات الكبرى.

ومن خلال فهم الشخصية الأمريكية يمكن أن يتم التأثير فيها سياسياً من خلال المحورين الآتيين:

– من المهم العمل من خلال مؤسسات المجتمع المدني، وتقديم نماذج واقعية وعملية للشخصية المسلمة المتميزة؛ مما يقاوم الأثر الإعلامي السلبي في تشويه صورة الإسلام والعرب والمسلمين في القارة الأمريكية. وقد أظهر استطلاع للرأي، أجراه معهد زغبي عقب حرب الخليج الثانية، أن طلبة الجامعات الأمريكية هم أكثر فئات المجتمع الأمريكي عطفاً على العرب والمسلمين، وأرجع معهد زغبي ذلك إلى كثرة الطلبة العرب والمسلمين في الجامعات الأمريكية.

– يجب كذلك الاهتمام بالإعلام المحلي لنقل صور إيجابية عن العرب والإسلام والمسلمين، وخصوصاً الجاليات المحلية، وتكمن أهمية ذلك في أن المواطن الأمريكي لا يهتم كثيراً بالسياسة الخارجية، ولكنه يضع اهتماماً كبيراً بالأمور المحلية، ولذلك فإن التعبير عن قضايا الأمة الإسلامية من خلال صفحات المحليات في الصحف الصغيرة أبلغ أثراً وأكثر وصولاً إلى القارئ الأمريكي. ويكفي أن نعلم أن عدد قراء الصحف المحلية في اليوم الواحد في أمريكا يتجاوز ٥٥ مليون قارئ مقارنة بخمسة ملايين قارئ فقط للصحف القومية الكبرى، كما أن الصحف المحلية لا تخضع للهيمنة الصهيونية الموالية لإسرائيل بالدرجة نفسها في الصحف القومية.

التأثير في العملية السياسية:

العملية السياسية الأمريكية مبرمجة، وذات خطوات محددة ومعروفة مسبقاً لكل من يرغب في المشاركة فيها، ولذلك فنحن لسنا في حاجة إلى الابتكار في هذا المجال بقدر ما نحن في حاجة إلى الفهم، وحسن استغلال الإمكانات المتاحة لتحقيق أكبر أثر ممكن.

> نحن بحاجة إلى إنشاء لوبي عربي إسلامي يتولى حشد الأصوات والأموال للتأثير السياسي طويل المدى على الشخصية الأمريكية

لا بد للعرب والمسلمين من إيجاد قوة ضغط رسمية داخل العملية السياسية الأمريكية؛ أي إنشاء لوبي عربي إسلامي يتولى حشد الأصوات والأموال للتأثير السياسي طويل المدى، وليس التأثير الانفعالي رداً على موقف بعينه أو قرار محدد.

إن الشخصية الأمريكية ترحب بالضغط عليها، ولذلك لا بد لنا من الإصرار على مواقفنا، وحشد الآراء لها، والاستفادة من التيارات الأكاديمية الأمريكية في دعم تصوراتنا.

وهناك أهمية كبيرة لإيجاد عدد من المراكز الفكرية والبحثية المتخصصة في دراسات أمريكا والغرب، ومعرفة طرق التأثير في القرار السياسي الغربي، واستخدام البحث العلمي كإحدى وسائل تنظيم المعرفة بالغرب وحسن استغلالها لما يدعم قضايا الأمة في أروقة السياسة الأمريكية، ويدافع عن مصالحها دولياً وأمريكياً.

الفصل السادس: مستقبل أمريكا

«إن المعرفة المستمرة والمتجددة بشعوب العالم وأفكاره المختلفة عملية ضرورية لابد وأن يقوم بها الناس بين وقت وآخر طنوع من الحساب والمراجعة. وإلا سيكتشف الإنسان في لحظة ما، أن الحقائق قد اختلفت، وأن الواقع قد تغير، وأننا قد توقفنا في إحدة محطات الماضي في الحكم على الأشخاص والدول والشعوب».

مستقبل أمريكا

يلخص الواقع الأمريكي اليوم أحد رجال الأعمال الأمريكيين في عبارة له كُتبت منذ عشرات السنين، فقال: «إذا قلت إن المنافسة هي حياة التجارة؛ فأنت تردد حكمة عفا عليها الزمن، وهي الحكمة التي كانت يوماً مفخرة البرجوازية الأمريكية حتى عام ١٨٦٥ م.. ولكن ظهر اليوم نوع جديد من أخلاقيات قباطنة الصناعة؛ هي القسوة والتحجر والوحشية في المعاملات والجرأة العدوانية، وأصبح السائد أن العمل أو التجارة Business له قانونه الخاص، وأن رجل الأعمال غير ملتزم بأي مسؤولية اجتماعية، ولا يعترف بأي التزامات مقابل استحواذه على الثروات الطائلة إلا ما يراه هو في حدود مصلحته؛ وليكن هدفه وأخلاقه الربح.

والآن.. ضاعت الأخلاق التقليدية، وانمحت فاعلية القوانين، وصيغت قوانين وأعراف جديدة لصالح رجال الأعمال المسيطرين على زمام الأمور في البلاد. وبات كل ما يحقق الكسب حتى ولو كان النهب موضع تقدير، وأصبحت فلسفة العمل والاعتماد على النفس والنزعة الصناعية هي المثل الأعلى السائد للحياة الأمريكية».

لقد توقع جون آدامز أن أمريكا سوف تسقط إن آجلاً أو عاجلاً كما سقطت دولة إسرائيل الأولى ويهوذا وأثينا وروما؛ لأن أمريكا سوف ترفض عبء الحرية، وتستسلم للانحطاط والرضا عن النفس، حتى كراهية الذات، وستدخل بعد ذلك في طور الانحدار والسقوط.

ومنذ بدء مشروع الحلم الأمريكي وهناك من يحذرون من مخاطر سقوطه حتى من بين أشد المتمحسين له، فقد حذّر و«نثروب» وهو حاكم أول مستوطنة أمريكية من أنه «إذا تعاملنا بزيف مع الرب؛ فإنه سوف يسحب عونه الحالي لنا، وسنكون حكاية وموضع سخرية العالم أجمع، وسوف نفتح أفواه الأعداء لتتحدث بالشر وبعقاب الرب، وكل ما أعده الرب للأشرار، وسوف نخيّب آمال من يخدمون الرب، ونجعل صلواتهم تتحول إلى لعنات علينا؛ حتى نهلك في الأرض الطيبة التي نحن ذاهبون إليها»[٨٤].

أن الولايات المتحدة لا تزال مصرة ومقتنعة بأنها القوة العظمى الوحيدة، وأن لها حقوقاً عالمية بسبب ذلك، وأن هذا الأمر سوف يمتد إلى عقود قادمة، وبأنها كدولة قادرة على قيادة العالم ورسم مصيره. وفي المقابل فإن هناك مؤشرات عديدة من شأنها أن تؤدي بالتفكير إلى نتيجة معاكسة تماما، مفادها أن الولايات المتحدة مقدمة على سيناريو الانهيار والتفكك بفعل تلك العوامل التي يبدو أن بعضها خارج نطاق السيطرة التامة.

---

٨٤ «أرض الميعاد، والدولة الصليبية، أمريكا فى مواجهة العالم منذ ١٧٧٦ م»، ولتر أ.مكدوجال، ترجمة: رضا هلال ٢٠٠٣م.

إن القانون العام الذي أدى إلى سقوط الإمبراطوريات كما أكد من قبل بول كيندي في كتابه «صعود وسقوط القوى العظمى»، هو قانون بسيط ومطرد، وهو أنه إذا زادت الالتزامات الاستراتيجية للإمبراطورية عن قدرتها الاقتصادية فإنها لا بد أن تسقط. وقد يكون ذلك صحيحاً تماماً من النواحي العقلية والفكرية والاقتصادية. ولكن هناك أسباب أخرى يمكن أن تكون هامة ومؤثرة في التراجع الحضاري أو المدني لدولة ما، وهي أسباب ترتبط بالقيم الأخلاقية للمجتمعات، وما يمكن أن يسمى بالـ«المحتوى القيمي والأخلاقي للحضارة». وقد نجحت أمريكا في تفريغ الحضارة الغربية من الكثير من قيمها التي تطلعت لها بعض شعوب العالم في العقود الماضية.

لم تبدأ هذه التجاوزات مع إدارة جورج بوش، أو مع مقدم المحافظين الجدد ومحاولتهم توجيه السياسة الأمريكية، كما يميل كثير من المراقبين العرب إلى القطع به، وإنما بدا الأمر قبل ذلك بكثير. يرى المفكر الفرنسي ميشال بوغنون أن البذور الأولى للتجاوزات الأميركية الراهنة، العدوانية في نظر البعض، غير القابلة للتحمل لدى الكثيرين، المثيرة في كل حال للسواد الأعظم، نجدها في عقيدة القادمين من إنجلترا وإيكوسيا، في العقود الأولى من القرن السابع عشر. إنها «عقيدة كالفينية» تقرر ما يلي: لئن كان الله قد سمح بأن يجتمع في أرض أميركية شعب من رجال ونساء مميزين، فذلك لأنه منح هذا الشعب «رسالة حكم العالم» ذات يوم.

هكذا، بعد تأسيس الأمة سنة ١٧٧٦، يفسر إجماع الخطابات: أميركا، الديمقراطية النموذجية، التي اختارها الرب، لا يمكنها إلا أن تكون المرشدة للطريق الذي يجب السير عليه، والقائد لموكب أمم الكون. ولم ير الآباء المؤسسون، ثم معظم النخب السياسية والتجارية والعلمية والثقافية في كل العصور، أن الأمور يمكنها أن تكون مغايرة لذلك الاعتقاد.

إن العوامل الاجتماعية تساهم بلا شك في التراجع الأمريكي الراهن، ويشغل موضوع التغيرات السكانية بال الكثير من المحللين الغربيين ليس فقط فيما يتعلق بمستقبل الدولة، وإنما كذلك ما يتعلق بمستقبل الحضارة الغربية ذاتها. لقد كتب المحلل السياسي الأمريكي نيل فيرجسون، وهو أستاذ التاريخ الاقتصادي والسياسي في جامعة نيويورك، في دراسته عن «ما هي القوة؟» قائلاً: «أنت فقط تحتاج أن تسأل الفرنسيين، الذين كان انحدارهم وسقوطهم كقوة عظمى، مرتبطاً بانخفاض معدل المواليد نسبياً في القرن التاسع عشر .. ففي القرن الثامن عشر فاقَ تعدادهم كل القوى الأوروبية الأخرى، باستثناء روسيا».

ومن المناسب أن نذكر هنا في نهاية هذه الدراسة عبارة هامة للمفكر الفرنسي «إيمانويل تود» الذي يقول «هنالك منطق خفي في الأسلوب (المخمور) في الظاهر الذي تنتهجه الدبلوماسية الأمريكية. فالولايات المتحدة الحقيقية هي من الضعف بحيث لا تقوى سوى على مجابهة القوى العسكرية الصغيرة الهزيلة. وهي تحاول باستفزازها جميع اللاعبين الثانويين، أن تؤكد دورها العالمي. وتستوجب تبعيتها الاقتصادية للعالم حضورها العالمي بطريقة أو بأخرى، ويقودها عدم كفاية الموارد الحقيقية إلى أن تضخم الصراعات الثانوية وتحليلها إلى عمليات هستيرية مسرحية.»

أما عن الهجرة من العالم الإسلامي فقد كتب قائلا: « ومما يستحق الملاحظة أيضاً؛ أن معدل النمو السكاني في العالم الإسلامي، ما زال يتدفق عند معدل، يُقارب ضعفَ المعدل الصيني. وإذا كنا نشهد -كما يجادل هانتنجتون- «صدام الحضارات»؛ فلابد أن يكون مما يَستحِقُّ الاهتمام؛ أنَّ حضارتهم تَشهد نمواً بالمعنى الحرفي، أكثر من حضاراتنا. وهي بالإضافة إلى ذلك حضارةٌ أكثر شباباً بكثير، مما عليه حالُ الحضارة الغربية الهرمة». إن الغرب لا يتأمل ويفكر في التعامل مع الأمة الإسلامية والعربية من المنظور الأمني أو الاقتصادي فقط كما يحاول البعض إقناعنا، ولكنه أيضاً يدرس الأمة ويحذر منها من الجوانب الفكرية والحضارية أيضاً. إننا بالمقابل بحاجة إلى أن نفهم الغرب حقاً قبل أن نحدد موقفنا من أطروحاته، ومن مواقفه. الفهم سيجعلنا أكثر دراية بحجم المواجهة الحضارية التي تواجهها الأمة في علاقتها بالغرب.

إن ذلك الزمن الذي كان يجمع في الولايات المتحدة القوة الاقتصادية والعسكرية والتسامح الفكري والثقافي، يبدو الآن بعيدًا جدًا. لم تعد أميركا الضعيفة وغير المنتجة لعام ٢٠٠٠، متسامحة. إنها تزعم أنها تجسد مثلاً إنسانيًا فريدًا، وأنها تملك مفتاح أي نجاح اقتصادي، وتنتج الأعمال السينمائية الوحيدة المقبولة. وليس هذا الادعاء الحديث بالهيمنة الاجتماعية والثقافية، وعملية التوسع الأناني، سوى علامة بين علامات أخرى للتراجع المأسوي للقدرة الاقتصادية والعسكرية الأميركية الحقيقية، وكذلك لتراجع العمومية في أميركا، فالولايات المتحدة تفقد قدرتها على السيطرة على العالم، ولذلك فإنها تنفي وجود هذا العالم المستقل وتنوع مجتمعاته.

إننا بحاجة إلى أن نفهم الغرب حقاً قبل أن نحدد موقفنا من أطروحاته، ومن مواقفه. الفهم سيجعلنا أكثر دراية بحجم المواجهة الحضارية التي تشكل علاقتنا بالغرب

لا تتوفر للولايات المتحدة المتطلبات الأساسية للإمبراطورية بسبب ثغرات هامة يسمح النظر بها بالتنبؤ بأنه لن تكون هنالك إمبراطورية أميركية في العام ٢٠٥٠. هنالك نوعان من الشروط الرئيسية للإمبريالية لا يتوفران لأميركا: أولاً قدرتها العسكرية والاقتصادية غير كافية من أجل الاحتفاظ بالمستوى الحالي لاستغلال العالم؛ ثانياً، إن عموميتها الأيديولوجية في حالة تراجع، ولا تسمح لها بعد الآن بأن تعامل الأفراد والشعوب بالمساواة من أجل أن تؤمن لهم السلام والرخاء ومن أجل استغلالهم.

لقد توقع الفيلسوف الألماني اشبنغل تدهور وسقوط الغرب، إذ ذكر في دراسة له حول مستقبل الغرب: «إن حضارة الغرب جاوزت مرحلة الشباب والقوة ودخلت في مرحلة التدهور والشيخوخة». وبالمقابل فقد اهتم أيضاً بتأكيد توقعه أن المسلمون سيبدأون في التوحد مع نهاية القرن العشرين. وهنا لابد أن نتفق مع الفيلسوف الألماني في الجزء الأول من عبارته الذي يؤكد على شيخوخة الولايات المتحدة والغرب، ونأمل أن تكون عبارته الثانية حول توحد الأمة هي الرسالة التي تحملها هذه الدراسة كموقف للأمة في مواجهة ذلك التراجع الأمريكي والغربي.

قد نعيش عقوداً طويلة ونحن في انتظار تحقق نبوءة انهيار أو انحدار أمريكا، وستعاني أمتنا طوال هذه العقود جهلنا غير المسوَّغ وغير المقنع بالشخصية الأمريكية التي تقود مسيرة العالم اليوم. وبدلاً من الانتظار على مقاعد المتفرجين؛ فلعل الطريق الأمثل هو أن نحاول فهم هذه الشخصية، ونتعامل معها بذكاء وقدرة على الاستفادة من إيجابياتها، وتجنب سلبياتها، وهو ما يستدعي الاهتمام بموضوع الشخصية الأمريكية اهتماماً مستمراً، فهو كيان مؤثر بدرجة كبيرة كما عبَّرت عن ذلك الإيكونوميست البريطانية مؤخراً:

«إن الولايات المتحدة تتخطى العالم كتمثال هائل، فهي تسيطر على الأعمال، والتجارة، والاتصالات، واقتصادها هو الأنجح في العالم كله، وجبروتها العسكري لا يطاوله أحد»[٨٥].

إن التعرف المستمر والمتجدد لشعوب العالم وأفكاره المختلفة عملية ضرورية لا بد أن يقوم بها الناس بين وقت وآخر كنوع من الحساب والمراجعة والتثبت بالحذف والإضافة حيال زمن يتغير وواقع يتبدل باستمرار. وإلا سيكتشف الإنسان في لحظة ما أن الحقائق قد اختلفت، وأن الواقع قد تغير، وأننا قد توقفنا في إحدى محطات الماضي في الحكم على الأشخاص والدول والشعوب، وأضحت تصرفاتنا بعيدة كل البعد عن الزمن الذي يحيا فيه العالم، ومن خلاله يعاد صياغة مستقبل البشرية.

الموقف الإيجابى لأمتنا يستلزم بذل الجهد لمحاولة فهم الآخر؛ إذ مثلما أن فعالية المجتمع توفر صورة عقلانية نقدية عن الذات.. كذلك لا بد أن تتوفر معها صورة عن الآخر تأسيساً على معرفة واقعية لا تنزع إلى التهويل والمبالغة المسرفة في تعظيم الآخر من واقع الشعور بالدونية ونكون فريسة له؛ ولا تنزع إلى التهوين من الآخر من منطلق نرجسية زائفة فتضيع من أقدامنا الطريق[٨٦].

إن فهم الشخصية الأمريكية اليوم هي محاولة لفهم الواقع الذي نعيشه.. وإلى حدٍّ ما .. مستقبل هذا الواقع أيضاً، كتب السياسي الفرنسي أليكس توكفيل في أول القرن الماضي معقباً على رحلته لتعرُّف الشخصية الأمريكية فقال: «إنني أعترف أنني رأيت في أمريكا أكثر من مجرد أمريكا.. لقد بحثت فيها عن صورة الديمقراطية، وما تحمله من ميول وهوية وتعصب واهتمامات، أردت أن أتعلم من أمريكا ما الذي نحب أن نأمل فيه.. أو يجب أن نحذر منه؛ نتيجة لتقدم الديمقراطية في العالم»[٨٧].

---

٨٥ «عالم أمريكا»، الإيكونوميست، عدد ٢٣، أكتوبر ١٩٩٩م، ص ١٥.

٨٦ «العقل الأمريكي يفكر: من الحرية الفردية إلى مسخ الكائنات»، شوقي جلال، مشروع الكتاب الإلكتروني، المركز الدولي لدراسات أمريكا والغرب، ١٩٩٦م.

87 "Tocqueville on American Character", Michael Leaden, American Enterprise Institute, 2004.

رقم إيداع دولي: ١-٠٣-٨٨٩٦٢٦-١-٩٧٨

National Political Academy
Cumhuriyet Mah
Nazım Hikmet Bulvarı
ylikdüzü, Istanbul, Turkey

www.npacademy.net
info@npacademy.net
facebook.com/NPAcademy.net
Tel.: +90 5 444 888 34

الأكاديمية السياسية الوطنية
جمهورية محلة، طريق ناظم حكمت،
حي بايليك دوزو، إسطنبول، تركيا